나비, 날다

나비, 날다

구민정 수필집

책을 내며

신록의 가절佳節이다. 땅이 미치지 않고 어찌 꽃과 이파리를 저처럼 아름답게 피워낼 수 있을까. 글쟁이가 미치지 않고 어찌 글다운 글을 쓸 수 있겠는가.

문단에 이름 올려놓고 작가행세만 했을 뿐, 작품 활동에 전념하지 못했다. 지난至難한 세월. 문틈 새로 비집고 들어오는 한 줄기 빛마저 조소嘲笑였다. 으레 문학은 뒷전이었다. 그러던 중 문학이 내 삶이 치유治癒하고 있다는 것을 깨닫게 되었다.

등단, 십 년 만에 책을 낸다. 마음 모지락스럽게 먹고 살다보니 이런 날이 왔다. 길 위에 서는 날이 많았고 돌아보는 시간이었다.

글 곳간에 너무 오래 두어 해묵은 것들을 버려 놓고 보니까 작품이 그리 많지 않다.

작품집을 묶어내도록 도움을 주신 강호형 선생님, 김선화 선배, 한결 같은 마음으로 격려해주는 지인들께 진심으로 고마운 마음 전한다. 가족에게 지극정성인 남편과 그림을 그려준 딸에게는 사랑을 보낸다. 그리고, 하늘의 두 천사에게 마음의 빚을 갚는 심정으로 남은 삶을 열심히 살아가겠다.

이천십삼 년 봄에

구민정

차례

2 '하루'에서의 하루

3 또 다른 쓰임의 자리에서

4 섬돌

5 분재盆栽

6 만지금滿地金

7 표류漂流

1 새벽 산책길

새벽 산책길 · 얼굴이 말을 하다

바람을 탄다 · 거기, 그 자리 섬 하나 있어

꽃 진 자리 봄으로 남다

사위 적요한 날엔 오만가지 소리가 귀를 키운다. 개울가에서 이는 작은 소리들이 아파트 안방까지 단숨에 밀려든다. 사람들 두런거리는 소리, 물소리, 풀벌레소리, 누군가 매일 밤 개울가에 풀어놓는 오카리나 소리, 몸이 성치 않은 사람들을 부르는 소리, 소리들….

새벽 산책길

개울가에 신발들이 모여든다. 발소리에 개울 주변의 꽃들이 수런거리기 시작한다. 오리떼 노니는 물가엔 창포가, 산책로 따라 코스모스, 언덕배기에서는 들꽃이 춤을 춘다. 개울 옆 산책로를 나는 '꽃길'이라 불렀다. 언덕 위에도 또 다른 산책로가 있다. 야트막한 동산에 오르면 산들바람과 먼산주름 조망할 수 있는 그 길을 '언덕길'이라 나름 이름 지었다.

얼마 전, 웅숭깊은 골짜기까지 길이 이어지면서 산책로엔 좀처럼 인적이 끊이질 않는다. 아랫동네에서 윗동네, 꽃길에서 언덕길, 사방으로 길을 열어 놓은 산책로는 많은 이들의 운동코스요, 나도 산보를 즐기는 곳이다.

길섶의 풀잎들 단잠에 곤한 첫새벽부터 하얀 신발들이 모여든다. 활력 넘치는 대낮 풍경과 달리 큼지막한 신발들이 서걱서걱 어둑새벽을 연다. 꽃길에 빠르게 걷거나 뛰는 이들이 많다면, 길 가장자리에 난간이 있는 언덕길엔 유독 하얀 운동화가 많이 모인다. 혼자 길 위에 서는 것이 불편한 사람들이 누군가에게 혹은 그 무엇에 의지한 채 아침을 열고 있다.

새벽하늘 희붐해질 무렵이면 나는 언덕길로 향한다. 매일 같은 자리에서 다리에 보정 장치를 한 오십 중반의 여인과, 여인을 부축한 남자가 가로등 아래 정물처럼 서 있다. 그들 앞에 백발의 노인이 꼬부라진 허리를 곧추세워가며 보조기를 밀고 간다. 가로등 불빛에 굴절된 어둠이 시커먼 그림자를 드리운다. 밀고 가는 건지 이끌려 가는 건지, 보조기 위에 묵직한 어둠 덩어리가 내려앉았다.

오늘은 낯선 여자가 나보다 먼저 길에 들어 서 있다. 그녀도 나처럼 병동에서 신던 하얀 운동화를 신었다. 몇 걸음 앞에서 난간을 붙잡은 채 느린 걸음을 옮기는 여자, 겉옷 위에 복대를 두른 그녀 뒤에서 겉옷 안에 복대를 한 내가 걷는다. 여자에게서 한 달 전 내 모습을 본다.

여름이 시작될 즈음, 나는 허리를 다쳐 척추수술을 받았다. 돌아눕는 일조차 쉽지 않은 한여름, 종일 침대에 누워 지내다 보니 몸에 열꽃이 피어 속절없이 낙화하던 봄꽃이 무색했다.

사위 적요한 날엔 오만가지 소리가 귀를 키운다. 개울가에서 이는 작은 소리들이 아파트 안방까지 단숨에 밀려든다. 사람들 두런거리는 소리, 물 소리, 풀벌레 소리, 누군가 매일 밤 개울가에 풀어놓는 오카리나 소리, 몸이 성치 않은 사람들을 부르는 소리, 소리들…. 비라도 추적이는 날이면, 잡다한 생각에 떼꾼한 시선으로 창문 너머 바깥세상을 하염없이 넘겨다보곤 했다.

인생사 어느만큼은 헤아릴 수 있는 나이에 사람 사는 세상에 빗장을 걸고 조용한 동네로 숨어들 듯 들어와 지내던 터였다. 생生과 사死를 갈라놓은 아들과의 이별로 오랫동안 혼돈의 늪에 머물러 있었다. 그런 와중에 어쩌다 허리를 다치게 되었고 어둑새벽, 언덕길에 든

이들의 마음을 헤아리게 된다.

반쯤 열린 쪽문 너머로 그리는 세상, 길 위에 들지 못하고 소리의 흔적을 좇는 이들은 어쩌다 눈보라를 만나고 얼음의 길을 걸을지라도 길 위에 서는 것이 곧 마음 세우는 일이란 걸 안다. 신발을 신을 수 있다는 것이 얼마나 큰 행복인지를 깨닫게 된다.

'길어봐야 얼마나 가겠어? 머지않을 거야.' 스스로를 애써 다독이던 어느 날, 한 편의 시가 어깨를 도닥여 준다.

신발을 신는 것은
삶을 신는 것이겠지
나보다 먼저 저 세상으로 건너간 내 친구는
얼마나 신발이 신고 싶을까
살아서 다시 신는 나의 신발은
오늘도 희망을 재촉한다.

—이해인, <신발의 이름> 중에서

여명이 열리기 전부터 세상 밖 소리를 좇던 사람들이 하나, 둘 개울가에 모여든다. 몸을 움직일 수 있다는 것으로도 감사한 일상, 새벽길에 들어서서 얼마쯤 걸어야 아침이 오냐고 묻지 않기로 했다. 개울가 산책길, 저 아래 아랫동네 중간 어디쯤에서 끊겨있던 길이 조금씩 새 길을 열어가듯, 답답하게 막혀 있던 사람의 길 또한 그와 같지 않을는지….

신발을 신는다는 것은 곧 삶을 긷는 것, 일부러라도 일을 자처하여 즐거운 노새처럼 몸을 부릴 때 헤아리지 못했던 신발의 소중함을 새삼 실감한다. 덩그러니 신발을 두고 떠난 주인의 못다 한 꿈이 그러하듯, 세상 밖 소리를 움펑눈으로 지켜보던 이들의 다짐이 그러하듯. 아침 산책길, 내딛는 발걸음에 힘이 실린다.

얼굴이 말을 하다

는개 내리는 강변, 한 폭의 풍경 속으로 든다. 퇴촌의 한 모롱이 조붓한 샛길 돌아들면 스튜디오 '시안'이 있다. 계곡에서 흘러내리는 흰여울 따라 봄꽃 함초롬한 야외 정원, 마치 동화 속 나라에 온 듯 발걸음이 해깝다.

결혼 25주년을 앞두고 큰아이가 은혼식銀婚式기념 웨딩촬영을 예약해 두었던 모양인데, 아침에야 이벤트 사실을 알려와 사뭇 설레는 맘으로 예까지 왔다. 스튜디오 직원이 안내해 준 방으로 든다. 복도 끝 깊은 방, 사방 거울 앞에 의자가 놓여 있고 그곳에 조명이 집중되어 있다. 내가 의자에 앉자, 실장이라는 여자가 검정

앞치마를 두르고선 그림 그릴 채비를 한다.

"진하지 않게 해주세요. 소녀처럼…."

흐린 말꼬리를 알아들었는지 여자가 씩 웃는다. '이 나이에 소녀의 모습을 꿈꾸는 것이 가당치 않지.' 칙칙한 민낯이 맘에 들지 않아 얼른 눈을 감아버린다. 여자의 손길이 속도를 타기 시작한다. 청담동에 있다는 스튜디오의 분점을 이곳에 열게 되면서 고객들이 선호한다며 주변의 볼거리와 먹을거리까지 곰살갑게 설명해준다.

이곳 주변에 관해선 그녀보다 내가 더 많이 알고 있을지 모른다. 이곳에 오면 실없이 강변을 배회하기도 하고 맞은편 얼굴박물관에서 시간을 보내곤 한다. 인근에 두 아이가 잠들어 있고 지난주엔 아들의 기일이라 다녀간 지 며칠이 채 되지 않았다. 하지만 봄의 정취 느끼기 좋은 곳에 딸아이가 마음 모아 마련해준 자리이니만큼 지금, 이 자리에 충실하기로 한다.

그림은 계속된다. 얼굴에 덧칠을 할수록 내 모습이 어떻게 변해있을지 은근히 기대하게 된다. 남편이 나를 알아보지 못하면 어쩌나 실없는 걱정을 해보는데, 여자가 손거울을 내 손에 쥐어준다.

거울 앞에 낯선 내가 앉아 있다. 하얀 가면을 쓴 모습, 이건 필시 분장이다. 하얀 가면, 하얀 드레스를 입고 웨딩촬영을 시작한다. 모델 출신이었다는 스튜디오 사장이 다양한 자세를 취하면, 중년의 신랑신부는 따라하다 서로의 모양새가 어색해 웃음이 빵, 터진다. 그 순간을 포착하느라 카메라 셔터 소리 분주하다. 이벤트를 앞두고 일기예보에 귀 기울이며 걱정하던 딸까지 웨딩드레스를 입게 하여, 거실에 걸어 둘 가족사진 한 장도 오붓하게 남겼다.

일이 끝날 즈음, 하늘이 활짝 열렸다. 봄기운 완연한 길을 딸과 함께 걷는다. 오래도록 기억에 남을 봄날을 천천히 지르밟는다.

집에 돌아와 한참을 화장대 앞에 앉아 있다. 어디부터 지울까, 물끄러미 바라보다 문득 화장대 서랍 안에 넣어둔 거울 생각이 났다. 한쪽 면이 확대경인 거울을 꺼내든다. 거울을 본다는 것은 내게 어떤 의미인가.

얼마 전까지 논술수업 시간이면 학생들과 함께 거울

보기를 했다. '자화상 그리고 십계명 세우기', 수업 주제는 주기적으로 내게 주어지는 목표이기도 했다. 학생들 나이 즈음, 웃는 모습이 해맑다하여 '천사'란 별명으로 불리던 내가 마흔 줄에 그들과 함께 얼굴 그리기를 반복하고 있었다. 그러다 홀연 아들이 떠나면서 예전처럼 애써 거울을 보고 싶지 않았다.

그러던 한날, 중국에 다녀오신 H교수님이 내 앞에 무언가를 밀어놓으며 챙겨 넣을 것을 채근하셨다. 거울 표면에 한시가 새겨진 나무재질의 손거울이었다. 그 물건을 받아 가방에 며칠인가 넣고 다니다가 화장대 서랍에 고이 넣어 두었다. 교수님 떠나신 후, 어느 날인가 새삼 거울의 의미를 되새긴다. 늘 염려해 주시던 그분의 격려, 거울 선물 또한 그런 의미란 걸 안다.

퇴촌 가는 날이면, 얼굴들이 주술처럼 발길을 불러들인다. '얼굴박물관', 그곳에서 수십 년 내지는 세기를 거슬러 올라 시공간을 초월한 옛사람과 조우遭遇한다. 문인으로 문관으로, 고위공직자로 평범한 서민으로 굴곡의 세월을 살다간 이들의 얼굴을 본다.

"얼굴에 그 사람의 정신사가 담겨 있다."는 미국의 사상가 에이모스 브론즌 올컷의 말처럼 얼굴은 생각이 머무는 곳, 얼이 깃든 굴이다. 한 얼굴에 어린 무수한 얼의 꼴, 빼곡한 사연을 발설한다. 그들이 들려주는 이야기를 한참 지켜본다. 그런데 가만, 그들이 나를 주시하고 있다. 그리고 내게 말을 걸어온다.

"그 눈빛으로 자네 모습을 바라보게나."

깊은 잠이 든 나를 깨우는 소리. 귀에 익은 낯익은 음성도 함께 묻어온다. 산다는 것은 무수한 얼굴과 만남이라던가. 관계와 관계 속에서 내 얼굴 그림도 풍성할 수 있을 것이나, 여러 해 관계의 단절 속에 거울 보는 일도, 얼굴 그리는 일도 무심했었다.

사춘기 즈음부터 그려온 내 얼굴 그림은 인생의 어느 정점에서 다행히 완성되거나, 아니면 미완으로 남을지도 모른다. 내 얼굴 그림은 한 번에 완성되기보다, 거울 보기를 통하여 잘못 그려진 빗금 다시 새겨가는 그런 빗금질이고 싶다. 그윽한 향기 묻어나는 얼의 골짜기에 세월 걸어두고, 조금씩조금씩 채워가는 한 장의 풍경처럼.

는개 내리는 강변, 한 폭의 풍경 속으로 든다. 퇴촌의 한 모롱이 조붓한 샛길 돌아들면 스튜디오 '시안'이 있다. 계곡에서 흘러내리는 휜여울 따라 봄꽃 함초롬한 야외 정원, 마치 동화 속 나라에 온 듯 발걸음이 해깝다.

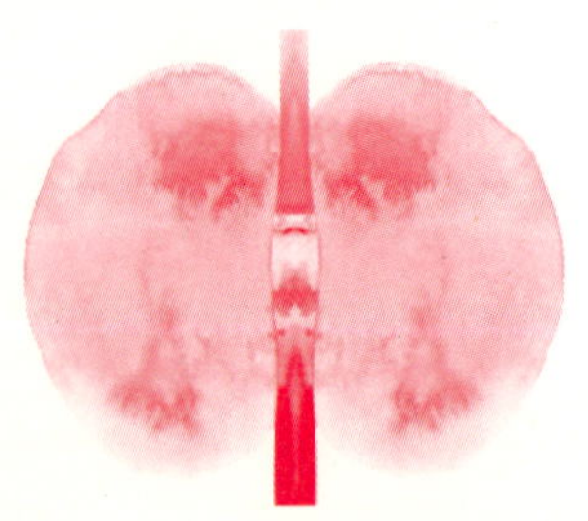

바람을 탄다

흔들흔들, 흔들의자를 탄다.

우연히 들렀던 어느 댁 테라스에 고풍스럽게 놓여 있던 흔들의자. 잘 조경된 정원과 어울려 그림 같은데 흔들의자에 앉아 있던 주인 남자의 표정이 무척 온화해 보였다. 그날 이후, 내 머릿속에서 롤링rolling을 멈추지 않던 흔들의자. 벼르고 별러 우리 집에도 흔들의자 하나 들여 놓게 되었는데, 어쩌다 이리저리 밀려다니는 신세가 되었다.

전에 살던 남향집, 전망 좋은 앞 베란다에 의자를 내어놓고 흔들흔들 흔들의자를 타다 보면, 겹겹이 싸인 능선 너머로 나아가고 싶은 충동이 곧잘 일곤 했다. 하지만 지금 살고 있는 아파트는 조망할 풍경이 없을뿐더러, 소음 또한 심해 거실 한편에 놓아두었다가 조각하늘과 가로수 우듬지 보이는 내 방 창가로 옮겨왔다.

베란다에 놓여있던 흔들의자가 거실로, 다시 서재로 몇 번의 자리 이동을 했다. 의자가 이동하는 동선은 곧, 내 활동반경과 마음자리의 움직임을 의미하는 것이기도 했다.

불필요한 바깥활동을 정리하며 의자에 앉는 시간이 부쩍 많아졌다. 스산한 바람이 불기 시작하면서 인색하나마 바깥 풍경 담아내던 서재 창문을 닫아걸고 그 위에 블라인드를 드리웠다. 블라인드 아래편에는 찻잔과 노트가 놓여 있고, 한가운데엔 커다란 창문이 흐릿하게 묘사되어 있다. 그곳을 물끄러미 바라보고 있으면 마치 미지의 세계로 통하는 비밀의 문처럼 묘한 분위기를 자아낸다.

흔들의자에 앉으면 이내 시간 여행자가 된다. 흔들흔들 흔들의자를 타다 보면, 스르르 창이 열리고 블라인드가 마음 밭이 된다. 그곳이 편지지가 되고 캔버스가 된다.

그날의 마음 상태에 따라 그림의 소재와 장르가 달라진다. 어떤 날엔 한 폭의 풍경화가, 또 어떤 날엔 정교한 인물화가, 또 어떤 날에는 한 편의 파노라마가 장황하게 펼쳐지기도 한다.

오늘 귀갓길에 만난 노부부의 모습은 한 폭의 그림이었다. 노인대학 강좌가 끝나고 버스 정류장을 향해 걸어가는 사람들. 몸에 감기는 바람이 백발을 흩트려놓는데 묵묵히 갈 길에 여념 없는 꼿꼿한 노후, 늦가을 들녘의 갈대를 연상하게 한다.

젊은 날의 풍성한 기억이 빼곡한 풍광 속의 유보遊步가 된다. 슬금슬금 기워내는 기억 아련한데 노인의 헝클어진 백발이 저 창문 너머 광활한 갈대밭으로 나를 이어놓는 것이었다.

마음 밭에 바람이 인다. 도통 조용하기만 한 집안에 남실물결이 인다. 오래 전 휴식 차 내려갔던 도시에서 만난 오아시스. 호수처럼 아스라한 순천만의 갈대숲이 암암하다. 어느 늦가을, 개발의 논리를 앞세운 기득권자들에 맞선 환경단체의 철야 현장을 곁에서 지켜보기도 했고, 어느 겨울엔 대대포구 갈대숲까지 먹이를 찾아 날아든 두루미를 가까운 거리에서 숨죽여 지켜보기도 했다.

치열한 삶의 현장 너머로 아침 해가 무심히 떠올랐다가 조용히 이울곤 했다. 붉은 노을이 개펄을 뒤덮기도 하고, 흐린 날이면 어디에서부터 불어오는지 모를 바람이 모여 밤새 우짖던 숲. 그 숲에 앉아 있으면 떠나온 도시, 떠나간 이에 대한 미련의 불씨마저 고스란히 사위는 듯했다.

이따금 그 숲에서 일던 바람 소리 아련한 날이면, 안산 갈대습지로 향한다. 지난여름 이후, 몇 차례 그곳을 찾았지만 궂은 날씨 때문에 허방다리 짚고 돌아와야 했다. 비 내리는 날이 잦았고, 어쩌다 날이 갠 날이라도 물안개 쌓인 풀숲에선 이름 모를 새의 음산한 단음조 울음소리 가득했다.

오늘은 바람 소리를 들을 수 있을까. 해 질 녘까지 때를 기다려 갈대숲에 든다. 해반주그레한 들국화 길 가장자리에서 한들거리는 샛길, 철없는 해당화가 반쪽 얼굴로 해쓱하다.

갈대숲이 내려다뵈는 둔덕에 자리하고 앉는다. 산책 나온 사람 두 서넛이 간간이 늦가을 들길을 걷고 있을 뿐, 주위가 적요하다. 시화호 너머로 해가 설핏 기울며 들녘 저편으로부터 서서히 바람이 인다. 갈대숲에 몸을 뉘는 바람, 들녘에 펼쳐진 솜털의 난무, 흔들흔들 갈대의 군무가 시작된다.

눈을 감고 소리를 딥는다. 소리가 부유한다. 먼바다에서 전해오는 해조음처럼 뿌리 깊은 곳에서부터 밀고 올라오는 갈대의 몸부림, 대양의 포말보다 무수한 소리의 부유다.

들녘을 달리는 바람은 무수한 영혼의 소리, 척박한 삶을 살다간 비루한 생生도, 속된 꿈으로 무한 질주하던 생生도 무한자유無限自由가 되는 들녘. 긴긴 밤 선달 삭풍 녹이고 한여름 뙤약볕을 견디어낸 홀가분한 몸짓으로 전율하는 갈대, 갈대숲에 앉아 내 안에 옹이진 잡다한 세상사 바람결에 실려 보낸다.

즈믄 밤 휘몰아치던 하프시코드harpsichord가 정지한 평야에 갈대의 아우성이 펼쳐진다. 환호와 갈채의 피날레를 뒤로하고 유유히 길을 가는 생의 노후, 백발의 노인이 성큼성큼 바람을 가른다. 광활한 대지를 달리는 바람의 근원, 꿋꿋한 삶의 뒷모습이다.

흔들흔들, 흔들의자를 탄다.

흔들흔들, 바람을 탄다.

거기, 그 자리 섬 하나 있어

찔레꽃 머리 초여름, 남녘으로 흐르는 철길 건너 왕송호수가 아스라하다.

빈자리가 있을까. 정면에서 호수를 조망할 수 있는 곳에 수양버들 몇 그루 늘어섰고 그 아래 벤치가 놓여 있지만, 이슬아침부터 비어있는 적이 거의 없다. 우리가 그곳에 도착했을 땐, 수양버들 사이사이에 사람들이 자리 잡고 앉아 있다.

사람들이 물밑대화라도 나누는 걸까. 이동카페 차량에서 흘러나오는 음악이 잔잔하다. 갈대밭 주변에서 오리떼 유영하고 물고기 수면위에 물 둘레 드리우는 고즈넉한 풍경. 맑은 날은 맑은 대로 흐린 날은 흐린 대로, 바람과 비와 햇살이 수면에 잘바당거리는 호반의 정취 그윽하다.

잊은 듯 가슴에 품고 살던 친구와 어렵게 해후했다. 언제 우리가 만났는지 기억조차 희미한데, 간신히 소식이 닿아 이곳으로 동행한 길, 찰방대는 물가에 자리를 잡는다.

호수 한가운데 섬이 하나 드리워 있다. 유독 가뭄이 심했던 어느 해를 제외하곤 호수는 늘 풍요로 넘친다. 시나브로 섬 주변의 갈대가 뭍을 향해 무성하게 길 아닌 길을 내놓고 있지만 곧 쇠락의 계절, 이내 오롯한 섬 하나로 떠오를 것이다.

백여 종의 철새가 날아들 때면, 수백 수천 철새의 날갯짓이 저 작은 섬에서 휴식을 취해 다시 길을 열곤 한다. 이곳을 찾는 수많은 발길을 묵묵히 받아주는 작은 터의 포용력. 저 자리에 섬이 있는 이유일 것이다.

문득 바다가 보고 싶은 날, 나는 이곳에서 이슥토록 시간을 보내곤 한다. 무연하게 펼쳐진 사람바다에서 섬이 되는 사람들, 너와 나 사이 어찌할 수 없는 생의 간극을 좁히지 못한 채 섬처럼 사는 사람들이 갖은 사연 안고 이곳을 찾는지도 모른다.

사흘 내린 빗밑에 섬이 출렁인다. 흐놀던 사람들의 시선이 섬을 향해 있다. 너른 호수 한가운데 심장처럼 자리한 작은 섬 하나. 어떤 땐 건너편 작은 섬이 동경의 대상처럼 다가오기도 하고, 어느 땐 망망대해에 떠 있는 무인도가 연상되기도 한다. 그러다 불현듯 어머니를 떠올린다.

며칠 전, 마땅히 시가에 가야 할 일이 있었지만 사정이 생겨 내려가질 못했다.

"괜찮다, 시간 될 때 언제고 댕겨가거라, 내 강아지야."

아들, 며느리, 손자 손녀 죄다 강아지라 부르는 나의 시어머니의 살가운 성격은 동네 사람들이라면 다 안다. 막내아들을 향한 그 내리사랑은 며느리인 내게까지 유별나서 평소 모녀지간과 다름없이 지내고 있다. 그런데도 정작 우리 부부는 이런저런 이유로 일 년에 두어 번 찾아뵙는 게 고작이다. 그렇지만 서운한 기색 없이 오히려 다독이고 다독이는 어머니께 곧 내려가 뵙겠노라 다시 기약 없는 약속을 했다.

어머니를 찾아가는 날엔 미리 연락하지 않는다. 구순九旬 노모의 그 한없는 기다림이 어떠하리라는 걸 익히 알기 때문이다. 빗장 채워지지 않은 대문 너머, 안채는 늘 고요바다다. 마당 한편, 커다란 감나무 아래서 집에 드는 손님을 먼저 맞던 누렁이 자리가 이즈음엔 휑하다. 개띠라서 개라면 학을 떼던 어머니가 손녀딸이 데려온 누렁이한테는 각별했다. 족보 있는 진돗개라며 대접받던 누렁이 몸집이 소만큼 자랐는데 자태는커녕 별 볼 일 없는 개라 밝혀지고 초복이 오기 한참 전에 목줄이 풀렸다. 어머니가 계시는 방에서 정면으로 바라다 보이는 빈 누렁이집, 그 작은 공간마저 적연的然하게 느껴진다.

어쩌다 연락 없이 집에 가는 날이면, 아랫목에 자리하고 누워있던 어머니가 마른 몸을 일으키며 금세 눈물바다를 만들어 놓는다.

"강아지가 어쩐 일인가?"

"강아지, 내 강아지야."

손을 맞잡고 얼굴에 부비대는 반가운 해후.

"뭔 일로 왔당가?"

"이것이 꿈이다냐. 생시다냐."

애써 연락하지 않은 것이 오히려 반가움이 배가 된다.

시아버님 돌아가시고 한동안, 전화기 너머로 "사랑해, 사랑한다." 하며 어색한 사랑 고백으로 관심을 불러 모으시더니, 어느 때부터 더 이상 사랑의 노래를 하지 않는다. 더 이상 뜸하게 걸려오는 안부전화에도 나무람이 없다. 그저 들고나는 발길, 그렁그렁한 눈빛으로 맞고, 배웅을 할 뿐이다.

언제부턴가 그런 어머니가 섬이 되었다. 돌 지난 증손녀도 가뿐하게 넘나드는 문지방을 단번에 넘어서지 못하고 두터운 원형 방석에 여윈 몸 얹고 방 안에서 맴돌고 있다. 어머니가 움직이는 제한된 동선, 두 평 남짓한 방안에서 연세 들수록 오롯이 섬이 되어 떠오른다.

물결 한 점 없는 빈 집에서 적요바다를 홀로 지키고 있을 어머니처럼, 혹은 가족을 부양해야 하는 녹록하지 않은 삶을 살고 있는 내 친구처럼, 고단한 삶을 이유로 고만한 거리에서 그저 먼빛으로 바라만 볼 때가 많다.

하지만 저 섬이 그러하듯, 거기 그 자리 고즈넉이 바라볼 수 있는 섬 하나가 누군가에게 징검다리가 되고 안식처가 된다. 섬을 닮은 어머니의 마음 터가 문득 그리워진다. 다가오는 연휴에는 서둘러 남녘으로 흐르는 열차를 타리라.

언제든 마음자리 풀어놓을 수 있는 존재, 묵묵히 그 자리를 지키고 있는 섬, 섬이 있어 좋다.

꽃 진 자리 봄으로 남다

해 질 녘, 초로의 여인이 매장 안으로 든다. 용무는 잊은 채, 조화 매대 앞에 걸음을 멈추고 꽃무더기를 바라보고 섰다.

"참 이쁘다."

들릴 듯 말 듯 읊조리는 절제된 탄성. 생명력 없는 물체에 숨결을 부여하고 그 속에서 꽃들의 속삭임을 듣는다.

"꽃을 좋아하시나 봐요."

"내 딸한테 갖다 줄 거여."

"멋지세요. 따님이 좋아하겠어요."

"그러면 뭐해, 이 세상에 없는 걸…."

꽃 더미 속에서 미니장미 다발을 애살포시 꺼내 드는 여인의 미소가 허허롭다.

스적스적, 석양 속으로 사라지는 여인의 뒷모습이 오래도록 가슴에 드리워진다.

한 생 붉게 타오르다 일순 떠난 사람들이 생각나는 날. 농어촌공사 담장을 따라 장미꽃 흐드러진 오솔길을 걷는다. 너른 녹지에 아름드리나무와 갖가지 꽃과 잔디가 어우러져 인근 주민이 산보를 즐기고, 날이 좋을 땐 운동회가 종종 열리고 있는 곳이다.

며칠 전까지 벚꽃이 피었다가 진 자리에 바야흐로 장미가 온몸으로 여름을 부르고 있다. 구름이 해를 가려 하늘이 점점 내려앉고 있었지만, 충만한 봄기운마저 가릴 수는 없었다. 속절없이 봄 깊은 날, 꽃 멀미가 날 지경이다.

담장 아래 분수대 계단에 앉아 지나는 사람들을 구경하고 있다. 개울가를 뛰는 사람, 걷는 사람, 강아지를 데리고 나온 사람, 다양한 사람들이 스쳐 지난다. 청계사에서 내려오는 산악자전거 행렬이 길게 지나고 인적

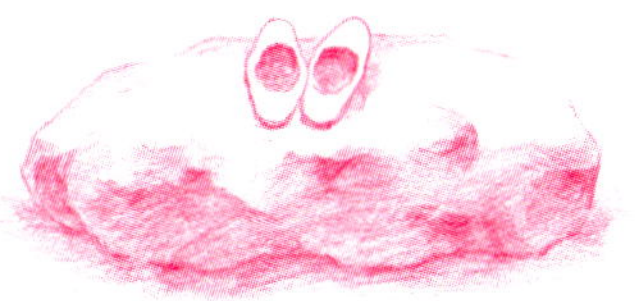

이 뜨해진다. 하늘이 내려와 울기 직전이다.

산책길에 들어설 때부터 는실는실 몰려든 매지 구름이 비를 뿌리기 시작한다. 점점 강해지는 작달 비가 며칠째 타오르던 꽃불을 일순 잠재운다.

꽃 비 내리는 광경을 본다. 한바탕 빗줄기에도 꽃나무 홋홋하게 서 있다. 꽃이 부활復活을 꿈꾸는가, 빗방울 부여안은 꽃의 투신投身….

봄에서 봄으로 꽃의 길은 먼 듯 가깝다. 이내 다음 봄으로의 길을 재촉하는 빗속의 낙화, 간결하게 떨어지는 단조음, 스타카토. 시나브로 담벼락 위를 한창 타오르던 장미 꽃잎이 산책로에 융단을 드리우기 시작한다.

어제 저물녘에 보았던 초로의 여인과 우란의 노모가 동시에 떠오른다.

어느 해 겨울, 남도 여행길에서 우란의 부음訃音을 전해 들었다. 이웃에 살며, 함께 성당에 다니고 같은 공방에서 물레를 돌리던 친구였다. 나는 산본으로 그녀는 일산으로 이사하고 한동안 연락이 끊긴 터였다. 그녀의 나이 사십에 돌을 갓 지낸 늦둥이까지 딸이 셋, 알콩달

콩 지내던 가족 어느 누구에게조차 작별인사 한 마디 남기지 못하고 뇌내출혈로 홀연 세상을 떠났다.

빽빽이 들어선 동백나무숲에서 우란의 소식을 듣던 날, 붉은 울음 토해내던 동백꽃송이가 각혈하듯 뚝, 뚝. 나뒹굴던 광경이 마치 생의 절정에 스러져간 친구 우란의 죽음처럼 다가왔다.

그렇게 우란이 떠나고 두 해가 지났을 즈음, 우연히 만난 그녀의 노모는 초췌한 노인의 행색이었다. 사랑하는 이와의 갑작스러운 이별이 남겨진 이에게 얼마나 큰 상처로 남는지 우란의 노모는 그것을 온몸으로 입증하고 있었다.

붉은 울음으로 떨어져 내린 이들이 생각나는 날, 심혈을 기울여 만든 내 마음 밭에 꽃봉오리 채 피우지 못하고 떨어져 버린 꽃들이 그립다. 선명한 방점傍點 하나 남기지 못한 삶이었을지라도, 영원불변 고운 모습으로 간직될 나의 청초한 꽃들을 위해 화살기도를 바친다.

암 병동 창가에 호듯호듯 햇볕 내려앉는 아침.

"엄마, 꽃이 많이 폈어."

밤새 고열에 시달리느라 새벽녘이 되어서야 여우잠 한숨 자고 일어나, 간밤의 꽃소식을 먼저 전하던 나의 천사, 수산나.

"엄마, 선물!"

꽃나무에 매달린 꽃은 차마 어쩌지 못하고 떨어진 꽃송이 두 손에 담아와 함박웃음으로 전해주던 요셉 천사. 꽃을 무척 좋아해 성당 제대 앞에 매번 꽃을 봉헌하고, 내가 좋아하는 카라를 종종 선물해 주던 베로니카, 우란. 그들이 모두 꽃이 되어 낙화한다. 꽃 비로 흘러내린다.

낙화는 생성과 소멸을 거듭하는 꽃나무의 화려한 비상飛上. 이다음엔 더 화려한 왈츠를 추리라. 간절한 기다림 끝에 더 맹렬하게 한 알의 밀알을 꿈꾸는 즐거운 세레나데.

부활절이 머지않은 비 내리는 봄날, 영원히 지지 않을 나의 청초한 천사들이 꽃처럼 부활하길 기도하는 날….

2 '하루'에서의 하루

'하루'에서의 하루 · 산중, 한 여름의 풍경

숨비소리 · 무인카페, 오월의 꽃

바닷가에서 듣는 노래 · 마음의 성소聖所

눈빛만으로도 마음 통하는 벗들과 속내를 애써 묻지
않아도 마음속의 부질없는 걱정을 내려놓게 되는 하루.
시간을 내려놓고 우리에게 있어 불필요한 것이 무엇인가
생각하게 하는 '하루'에서의 하루.

'하루'에서의 하루

하염없이 비가 내린다. 지난밤부터 내리기 시작한 비가 아침이 되어서도 좀처럼 그칠 기미가 보이지 않는다. 제아무리 기다리던 봄비라 해도 특별한 모임을 앞두고선 반갑지 않은 일이다.

추적이는 빗길을 뚫고 기차역으로 향할 때 잠시 갈등이 일었다. 하지만 근 일 년 만의 만남을 앞두고 예서 말 수는 없는 일, 마음을 다잡고 가던 길을 간다. 전주역에 내리자, Y는 B와 나를 태우고 그가 봐두었다는 장소로 곧장 차를 몰았다.

임실·전주 간 국도를 지나 '옥정호'에 다다랐을 때, 새벽부터 쏟아지던 비가 뚝 그쳤다. 물안개 자욱한 오월의 산세를 더듬으며 도착한 '하루', 고즈넉한 전통찻집이다. 골목 어귀까지 마중 나온 야생화가 함초롬히 빗방울 머금고, '오메, 자네들 완능가!' 반갑게 객을 맞는다.

나지막한 돌담 너머 하루의 정원 가득 푸른빛이 싱그럽다. 본채 송하정과 별채가 너른 마당을 품고 단아하게 들어앉았고, 잔디로 뒤덮인 마당 담벼락을 따라 들꽃이 줄지어 섰다. 고풍스러운 선동가옥과 골동품가게에서나 볼 수 있음직한 물건들이 주변 경관과 조화를 이뤄 한껏 운치를 더한다. 이만하면 Y가 그토록 오늘을 학수고대하고 기다렸을 만하다.

맷돌이 징검다리를 만들어 마당 잔디밭에 길을 놓았다. 찻집 주인장의 세심한 손길이 곳곳에서 빛을 발하고 있어, 쉽사리 눈을 떼지 못한다. 본채 처마에 달린 풍경風磬이 객을 부른다. 그제야 마당 끝, 호수가 훤히 내려다보이는 댓돌 위에 올라선다. '하루'가 마치 산 정상처럼 우뚝하다.

비가 그치기를 기다렸다는 듯, 저 벼랑 아래서 운해가 일고 있다. 세상을 집어삼킬 듯한 기세다. 겨우내 물이 가물어 여백의 여유를 주던 호수였다. 거기에 물이 한껏 차올라 풍요로워 보이는데 그도 부담스러운가. 사납게 꿈틀대며 절벽 아래로부터 서서히 솟아오르는 운무, 옥정호 깊은 곳에서 소리 없이 거대한 의식이 일고 있는 것 같다. 맑은 날이면 옥빛 물결 한가운데 둥실 떠오르던 신비로운 섬, '외안날'은 운해에 잠겨 볼 수 없었다.

평소에는 운무와 해넘이를 사진에 담기 위해 사람들이 자주 모여드는 곳이다. 첩첩이 굽이쳐 흐르고 있는 지리산, 덕유산, 내장산의 능선이 먼 빛으로 어렴풋하다. 저 건너 어딘가에 섬진강 시인이 전해주는 가슴 따뜻한 세상이 금방이라도 펼쳐질 것만 같다.

주인이 따끈한 차와 다식을 내왔다. 실내에 들어서도 바깥에서 일어나는 경이로운 기운에 사로잡혀 있다. 마른 눈동자 몇 개가 채 닫히지 않은 방문 사이로 자연이 만들어내는 장관을 말없이 주시하고 있다.

Y와 B. 서로 사는 곳이 다르고 각기 직장에 다니고 있어 일 년에 한두 번 만나는 사이였는데, 이번엔 오랜만에 마주하게 되었다. 하지만 모처럼 만나도 어제 만

난 듯 서먹하지 않고, 도란도란 나누는 대화가 문밖으로 새는 법이 없으며, 이야기를 많이 풀어놓지 않아도 눈빛으로 충분히 교감되는 막역한 벗들이다.

우리의 조용한 분위기에 옆방에서 남녀 몇 명이 나누는 시끌벅적한 대화가 곁에 바짝 다가와 수런댄다. 그렇지만 누구도 그에 대해 이렇다 관여하지 않는다. 조금 뒤, 일행이 마루에 놓인 무인 계산대 앞에서 찻값 계산을 놓고 한바탕 소란을 피우더니 빗속으로 유유히 사라진다.

다시 비가 내린다.

"톡—." "톡—." 뒤란 처마 끝에 매달려 있던 빗방울이 추락을 시작한다. 시계를 보지 않기로 했지만, 어림잡아 꽤 오랜 시간이 흐른 듯싶다. 근사한 찻집을 보면 가장 먼저 나를 떠올린다는 Y, 얼마 전 그가 걱정을 전해왔지만 전화기 너머로 고민을 들어주기엔 한계가 있었다. 이번에 만나면 귀를 열어 그의 가슴속 고민을 들어주리라 다짐했다. 그런데 자연이 빚어내는 오묘한 현상 앞에 덧없이 시간만 흘려보내고 있다.

몇 시간째 곡차를 마신 까닭에 해우소解憂所에 들기 시

작한다. 낡은 마룻바닥이 뒤채 끝에 있는 해우소까지 이어진다. 지난한 세월을 대변하듯 삐걱대는 마룻바닥을 발끝걸음으로 조심스레 걷는다. 출입문 앞에 실내화를 가지런히 벗어두고 해우소 문고리를 잡는다. 순간, 해우소가 마치 고해성사告解聖事를 보는 고해소 같다는 생각이 든다.

출입문에 붙여진 안내문에는 신발을 벗으며 마음속 번뇌를 벗어놓으라 한다. 지니지 않아도 될 불필요한 것들을 모두 내려놓으라 한다. 해우소의 내부는 요소에서 휴식을 취할 수 있도록 꾸며 놓았다. 아늑한 조명과 분위기가 묘한 기운으로 마음을 편하게 한다.

측간廁間, 정방淨房, 해우解憂, 근심을 푸는, 이 작은 공간에서 나도 잠시 해우하는 연습을 해본다. 하루에도 쉴 새 없이 번복되는 배설행위, 무의식 속에 되풀이되는 일상을 내 본연의 자리를 떠나 비로소 돌아보게 된다.

적소適所에 붙여진 명언을 보며 잡다한 생각을 정리한다. 한껏 평온한 마음으로 책 한 권을 골라 들고 책장 옆 의자에 앉는다. 이 공간이 더없이 좋기만 한데 그도 욕심인가 밖에서 인기척이 부른다.

이곳에서 보낸 하루 동안 말을 아끼고 눈과 귀를 열어 자연의 소리를 보고 듣느라 Y에게 별다른 조언을 해 주진 못했다. 하지만 내가 그러하듯, 그의 심사 또한 한결 홀가분해졌을 것이라 믿는다.

눈빛만으로도 마음 통하는 벗들과, 애써 묻지 않아도 마음속의 부질없는 걱정을 내려놓게 되는 하루. 시간을 내려놓고 우리에게 있어 불필요한 것이 무엇인가 생각하게 하는 '하루'에서의 하루.

산중, 한여름의 풍경

평일의 고속도로는 한산했습니다. 도로를 질주할 때는 마음까지 후련했습니다. 이 길을 따라 조금만 내달리다 보면 곧장 남쪽 바다에 다다르겠지만, 고속도로에서 그만 내려서야 합니다. 톨게이트를 나오자 이내 고즈넉한 산골 마을입니다. 비좁은 도로에서 내비게이션이 더 이상 길 안내를 거부하고 앵 돌아섭니다. 마을 어디에서도 목적지를 알려주는 이정표를 찾을 수가 없습니다. 한여름 폭염이 중천에서 이글거리는 대낮이라, 들일을 나온 농부도 지나는 차량조차 보이질 않습니다.

인생 사십줄을 나란히 가던 친구, C가 홀연히 속세

를 떠나 입산해 버렸습니다. 그 후, 몇 번인가 불현듯 모습을 보이다가 한동안 잠잠하던 차에 연락이 왔습니다. 한 번 다녀갔으면 한다고….

여름 한 날 그가 있다는 곳까지 반나절을 달려왔지만, 산골 마을 어귀에서 길을 잃고 이렇듯 주춤거리고 있습니다. 어디로 가야 할지, 친구에게 도움을 청하려 전화기를 꺼내 들지만 하필 예불시간입니다.

마주 보이는 곳에 신덕산이 우뚝 서 있습니다. 산으로 오르는 길은 여러 갈래인 듯합니다. 내가 가고자 하는 곳은 저 산 중턱 어느 한 자리이겠지만, 길손이 지름길을 찾기란 쉽지 않은 일입니다. 목적지를 지척에 두고 더는 지체할 수 없는 노릇, 짐짓 예감이 드는 산길을 따라 오릅니다.

장시간 에어컨을 쏘였기 때문인지 두통이 입니다. 저도 힘들다며 괴성을 질러대는 낡은 차의 열기도 식힐 겸 창문을 내립니다. 기다렸다는 듯 산 내음이 달려듭니다. 옹색한 산그늘, 길손이 쉬어갈 좁은 공간마저 보이지 않는 뙤약볕 아래 무작정 차를 세웁니다.

산등성에서 하늘하늘 하얀 손을 흔들어대는 찔레 덤불

새에 탐스런 산딸기가 지천입니다. 가던 길을 잠시 멈추고 넝쿨 우거진 숲으로 듭니다. 가시에 손을 긁혀가며 정신없이 산딸기를 따 먹습니다. 언덕바지에 엉거주춤 선 채, 양손이 부지런을 떱니다. 시장기도 적당히 채우고 지루함도 한시름 덜었습니다.

다시 산중으로 들려는데, 산비탈 경사가 시작되는 저 위에서 풀무더기가 꿈틀거립니다. 흠칫 놀라 좀처럼 움직임이 없는 그것의 정체를 유심히 살핍니다. 가만 보니 아랫마을 사는 농부인 듯한 사내가 비탈길에 멈춰 서 있습니다. 수레에 가득 실은 풀 더미 사이로 구릿빛 얼굴을 빠끔히 드밀고 서 있습니다.

수레의 속도를 줄이려고 안간힘을 다해 뒤로 버티지만 수레의 무게를 감당하지 못해 어렵사리 걸음을 옮기는 사내가 무척이나 위태로워 보입니다. 행여 수레에 실린 육중한 힘이 앞으로 쏠리면 큰일입니다. 얼른 다가가 수레를 거들어주고 길 안내도 받습니다. 완만한 길에서 뒤뚱거리며 수레를 끄는 그의 뒷모습을 물끄러미 바라봅니다. 고맙다며 손을 내젓는 사내, 길 잃은 산중에서 만난 적잖이 고마운 인연입니다.

어렴풋이 들려오는 뻐꾸기 소리가 아직 산비탈에 머물고 있는 발길을 재촉합니다. 저 산중 어디선가 내가 오기를 기다리는 친구의 마음 같아 부산스러워집니다. 애써 태연한 척, 어렸을 적 즐겨 부르던 동요를 흥얼거리며 산길을 오릅니다.

그런데 저만치 누군가 서 있습니다. 미처 튀어나오지 못한 음절 몇 개가 목구멍 속으로 되감겨 들어갑니다. 머쓱한 표정으로 그를 맞습니다. 쑥스럽지만 그를 만나면 예를 갖춰 합장하리라던 다짐을 일순 잊어버렸습니다. 단정하게 차려입은 승복이 제법 잘 어울립니다.

"먼 길 오느라 힘들지 않았나? 올 때가 되어 마중 나와 있었지."

차분한 음성만으로도 불심이 느껴집니다. 그런데 그가 두어 발 앞에서 불쑥 손을 내밉니다. 검붉은 산딸기가 두 손 가득합니다. 그는 그대로 기다림을 태우고 있었나 봅니다. 방금 전에 산딸기를 따 먹은 내색 없이 그것을 받아 맛나게 먹습니다.

늦은 점심을 먹고 차 한 잔을 마주하고 앉습니다. 인적 없는 산사엔 모든 것들이 정지한 듯합니다. 산중에서 날아드는 뻐꾸기 소리만 적막한 절집에 요동칩니다. 그곳에서 미동 없는 한여름의 풍경을 바라보며 무심無心에 빠져듭니다.

사십 중반, 적잖은 나이에 이런저런 사연으로 쉽지 않은 길을 선택한 C. 그가 입산하고 외출 나올 때면 반가움과 걱정에 만감이 교차했습니다. 어떤 길이든 그가 속히 제 갈 길을 가기를 조바심 어린 마음으로 지켜봐야 했습니다. 그런데 이렇게 산중에서 맞는 그의 모습이 마치 이곳 절집의 주인이라도 된 듯 평온해 보여 다행입니다.

한참 먼산바라기에 잠겨 있을 때, 산중에는 해가 일찍 내린다며 그가 먼저 자리에서 일어섭니다. 마주한 눈빛도 잠시, 고작 두어 시간의 만남을 뒤로하고 헤어져야 합니다. 이제 그는 성불成佛을 위해 더 깊은 산중으로 들어설 것입니다. 그런 그에게 무어라 말 한마디를 해주어야 할 것만 같은데, 무슨 말을 어떻게 해주어야 할지 고민만 하다가 돌아서고 맙니다.

동네가 내려다보이는 산모롱이까지 배웅을 나온 그가 손을 흔듭니다. 훠이~훠이~ 흔들어 대는 그 손짓이 마치 속세를 향한 몸짓으로 느껴집니다. 백미러 속으로 멀어져가는 그의 선한 눈망울이 아스라합니다. 나는 돌아서기 무섭게 산중을 빠져나와 사람바다 속으로 달음질칩니다.

스멀스멀 어둠 밀려드는 시각, 잠시 스치는 하루의 잔상. 오늘 산 중에서 만난 인연을 생각합니다. 산비탈 내리막길을 내려오던 사내와 첩첩산중에 든 친구, 또한 불혹을 넘신 나이에도 삶에 전전긍긍하는 나를 포함한 모든 관계가 삶의 빛깔만 다를 뿐, 어찌 보면 같은 처지가 아닐는지요. 깊은 산중이건, 사람바다 속이건 간에 제 삶의 무게 안고 살아가긴 마찬가지일 겁니다. 그는 그대로 나는 나대로….

차분한 음성만으로도 불심이 느껴집니다. 그런데 그가 두어 발 앞에서 불쑥 손을 내밉니다. 검붉은 산딸기가 두 손 가득합니다. 그는 그대로 기다림을 태우고 있었나 봅니다.

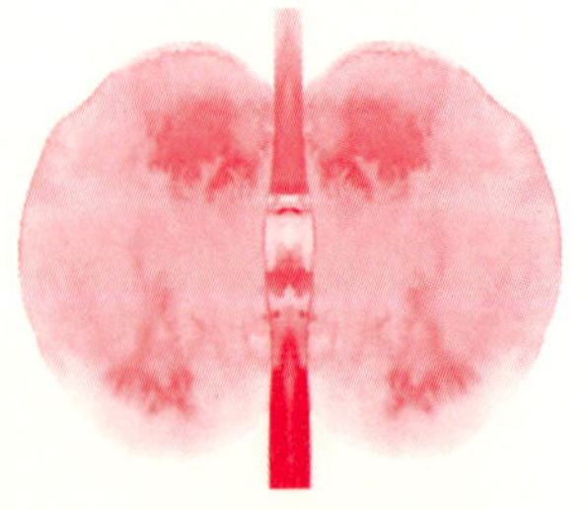

숨비소리

바다 건너 제주에서 남편의 직장 동료가 손짓한다. 답답한데 올레길이나 함께 걷자고. 유채꽃 피는 춘삼월에 다른 동료와 함께 올레길을 걷기로 선약이 된 터였지만, 아무래도 그때까지 기다리면 안 될 것 같았다. 석양처럼 걸려있는 겨울의 끝자락, 주저 없이 여행길에 오른다.

"어서들 오세요."

소탈하게 웃는 지인의 미소가 남녘의 햇살을 닮았다. 우연히 맺은 인연, 형제보다 막역한 가연佳緣이다. 제주와 산본을 서로 왕래하는 사이로 지난가을, 제주에 다녀온 지 석 달이 채 되지 않아 다시 만나게 되었다.

예정보다 앞당겨 올레길에 든다. 제주에서는 으레 길 위에 서게 된다. 올 때마다 끝없는 길을 걷고 또 걷는다. 많은 사람이 약속이나 한 듯, 올레 시작점에서 한 방향을 향해 걷는다. 세 남자도 얼마 전까진 저들과 매 한가지였으나, 적당한 곳에서 시작하여 바닷가 풍광을 감상하며 천천히 걷기로 한다. 시작과 종착지를 구분 짓지 않기로 한다. 들고 나는 곳이 곧 길의 시작이고 끝이다. 세 남자가 앞서 걷고 나는 그 뒤를 따른다.

들판을 지나 오름을 오른다. 나지막한 구릉 너머 또 다른 구릉이 징검다리처럼 들녘을 건너고 있다. 오름에서 내려다보이는 해안가에 겨울 바다가 펼쳐 있다. 해풍을 피해 에둘러 쌓은 돌담이 구불구불 마을 안까지 길을 이어놓는다. 파도처럼 흐르는 울담을 따라 걷다 둠벙이 있는 해안가로 내려선다.

아직 겨울, 무연하게 펼쳐진 바다에서 파도가 밀려든다. 검푸른 파도가 바람을 등에 지고 너울춤을 춘다. 한순간 포말로 부서지는 파도, 보는 것만으로도 후련하다.

몸을 숙여 바닷물을 손에 담는다. 별다른 저항 없이

손안에 들어와 형체 없이 흘러내리는 물이 바다에 들면 바람과 더불어 수천, 수만 년의 세월을 바위에 새겨 놓는다.

파도가 조각해 놓은 기암괴석, 그 평평한 바위에 걸터앉아 준비해간 음료와 간식을 풀어놓는다. 세 남자의 화젯거리는 단연 얼마 전까지 몸담고 있던 직장 얘기다. 그들의 목소리가 바람의 흐름을 받아 다소 격정적이었다가 이내 수그러든다.

바람결이 잠잠해지고 어디선가 가느다란 휘파람 소리가 들려온다. 멀지 않은 해안가에서 해녀들이 물질을 한다. 찰방대는 수면 위에서 숨을 고른 해녀가 다시 물속으로 들어간다.

해녀가 사라진 곳을 주시한다. 나도 덩달아 숨을 참는다. 하나, 둘, 셋, 기다림이 길어진다. "호이—.", 기다란 숨비소리 내뿜으며 해녀가 모습을 드러낸다.

섬마을에 갓 시집 온 새댁이 할 일은 많지 않았다. 올망졸망 커가는 아이들을 바라보다 하릴없이 물질을 시작해야 했다. 이어도의 전설이 전해오는 바다에서 희로애락을 길어 올리던 새댁이 바야흐로 희끗희끗 흰머리 돋은 할매가 되었다. 갈수록 새댁을 찾아보기 쉽지 않은 바닷가 섬마을에서 삶의 터전을 고수하는 우리의 할매들이 오늘도 물질을 한다.

수십 년 물질로 생계를 이어가는 꿈의 바다가 황폐해져 가면서 숨비소리 깊어간다. 저승에 목숨을 맡겨둔 채 물질해야 하는 해녀들의 쉽사리 멈출 수 없는 고단한 몸짓. 심해의 수압을 견디며 작업해야 하는 그들은 물에 들지 않는 날은 두통을 달고 산단다. 물속에 들면 일순 그 고통을 잊을 수 있어 이 겨울날, 다시금 저 깊고 어두운 세상을 헤엄치고 있는지 모른다.

헛헛하게 바다를 바라보는 세 남자. 은퇴가 홀가분하지만은 않은 나이에 한날, 스물다섯 해 넘도록 다니던 직장을 그만두어야 했다. 꿈을 채 펼쳐보지 못한 젊은 실업자와 꿈을 접기엔 아직 이른 오십 초반의 은퇴자가 늘어가는 시대, 사람들 명치끝에 알 수 없는 멍울이 생겨 통증으로 다가온다.

그렇게 마주한 바다에서 바다의 숨비소리를 듣는다.

지난 스물다섯 해 애써 다독이다 응어리진 뭍의 숨비소리를 게워낸다. "호이—.", "호이—.", 뭍에서 바다에서 남녀노소 구분 없이 숨비소리 깊어간다.

어제도 오늘도 나는 세 남자 뒤를 따라 묵묵히 걸었다. 저들에게 뭇사람들처럼 그렇게 흔들리며 사는 것이라고 쉽게 말 건네지 못하겠다. 저들이 다시 재기하도록 다소 시일이 걸릴지 모르겠지만, 저마다 가슴에 올곧은 심지 하나 세우고 있다면 이내 다시 곧추설 수 있으리라 믿는다.

바다, 올레길에서 세 남자는 새롭게 숨을 고른다. 돌아서는 등 뒤에 펼쳐진 하늘이 유난히 푸르다.

무인카페, 오월의 꽃

어느 시골 마을의 무인점방無人店房이 세상에 알려져 사람들의 이목이 집중되었다. 무인점방에서는 물건값을 제때에 갚는 이도 있지만, 그렇지 못한 이들은 외상장부에 내역을 적어 두었다가 형편이 될 때 외상값을 치렀는데, 수확한 농산물을 덤으로 얹어와 미안한 마음을 대신하기도 하였다. 그곳을 이용하는 이들의 따스한 인정이 뭇사람들의 마음까지 훈훈하게 했다.

제주도 여행을 앞두고, 우연히 펼쳐든 잡지에서 '오월의 꽃'이란 특이한 커피숍을 알게 되었다. 이야기로만 전해 듣던 무인카페다. 잠시 책을 덮고 그곳을 그려

본다. 초록의 섬에 들어앉은 '오월의 꽃.' 시간과 공간이 자유로울 것 같은 그곳은 아마도 노란 유채 빛이거나, 오월의 이미지를 연상할 수 있는 화사한 빛으로 장식된 찻집일 거란 생각이 들었다.

제주도에 도착한 다음 날, 일부러 '오월의 꽃'이 가까운 올레 코스를 걷기로 했다. 이른 아침부터 걸어 휴식이 필요했다. 가던 걸음 쉬어갈 쉼터가 간설해섰다. 제주에 사는 지인과 함께 무인카페를 찾아 나선다. 한참을 헤맨 끝에 한적한 도로변에 납작 엎드린 '오월의 꽃'을 발견했다.

이곳의 주인장은 서울에서 내려와, 2년여 동안 아들하고 이 집을 손수 꾸몄다고 한다. 원래 있던 집을 고쳐서 출입문도, 천정도 매우 낮았다. 카페에 들면서 거추장스러운 겉옷이라든가, 곧추선 마음의 벽부터 일단 내려놓아야 할 것 같았다. 온통 순백으로 채색된 카페의 외형에서 신비감마저 인다. 저 안은 또 어떤 빛깔로 채색되어 있을까.

실내는 바닷가 등지에서 주워온 통나무와 조개로 장

식하여 아늑했다. 우리가 창문을 열어 환기를 시키고 있을 때, 제주가 고향이라는 두 여인이 들어선다. '오월의 꽃' 안에 든 사람은 모두가 길동무가 된다. 어디서 왔는지, 무슨 일을 하는지 스스럼없이 마음을 열게 된다. 제주 시내에 산다는 그네들 역시 이곳을 물어물어 찾아왔다고 한다. 하얀 카페가 어느새 마음나눔 방이 된다.

카페 한편에는 이곳을 처음 방문하는 이들의 편의를 위해 이용방법이 상세히 메모 되어 있었다. 기호에 맞게 차를 타서 마시고, 사용했던 도구들을 제자리에 정리하는 것은 당연히 길손의 몫이다. 나는 그곳에서 얼마 전, 드라마에서 유행했던 바리스타를 흉내 내어 본다. 그럴싸하게 폼을 잡고, 길동무에게 내 것인 양 차 한 잔을 건넨다. 주는 사람, 받는 사람 모두 마음 넉넉한 공간이다.

이곳에선 가끔 작은 공연이 열리기도 한다. 실내에 작은 무대가 마련되어 있어 간혹 피아노 연주와 주인장의 시간이 허여되는 저녁 시간에 색소폰 연주를 들을 수 있다. 손에 닿을 듯 별무리 펼쳐진 한여름 밤, 주인장의 재즈 연주를 듣는 것 이상의 호사도 없을 것이다.

카페에 든 지 한참 지났을 때, 몇 사람이 가게 안으로 들다 말고 출입문 앞에 멈춰 서 있다. '법이 없다 해도 서로 믿으며 살아갈 수 있는 세상을 바라며, 정해진 가격이 없으니 본인의 의지대로 모금함에 찻값을 넣고 갈 것을 바란다.'는 메모를 한참 동안 바라보고 있다. 주인은 그렇게 무인카페에 드는 손님들에게 양심을 호소하고 있지만 적자를 면치 못한다는 후문이 있다.

우리가 앉았던 자리에 앉게 될 누군가를 위해 주변을 정리한 뒤, 나무로 만든 자그마한 무인계산대 앞에 선다. 요금함에 얼마의 찻값을 넣어야 할지, 순간 고민하게 된다. 찻값을 에누리할 궁색한 변명거리를 찾아보지만 딱히 내세울 구실이 없다.

무인계산대 앞에만 서면 양심이 저울질한다. 아무도 지켜보는 이 없는 상황에서 올곧은 양심을 지키기란 쉽지 않은 일이다. 마음 내키는 대로 찻값을 넣어도 그만, 넣지 않아도 그만이지만 적정의 찻값을 정하기까지 내 양심의 추는 심하게 오르내렸다.

요즘처럼 'shop in shop' 형태의 무인점포 업이 성업 중인 때, 보다 체계적으로 다양한 품목의 자판기를 갖춘 무인점포는 생활의 편리를 주는 대신에 현대인들의 관계 단절과 소통의 부재를 단편적으로 반영하는 곳이기도 하다.

이중삼중 문단속을 하고, 이웃과 눈썹 펴고 인사조차 인색한 세상에 무인점포가 가슴을 훈훈하게 하는데, 무인계산대 앞에 서면 절로 머릿속이 복잡해지는 것이었다. 본인의 의지대로 찻값을 넣어달라는 카페 주인의 말이, 저울질하는 내게 일침을 가하는 것만 같았다.

지폐 한 장이면 적당할 것 같아 계산대에 돈을 넣고 뒤돌아서는데, 내가 길동무에게 선심을 쓴 커피 두 잔 값은 어찌해야 하나 다시 갈등이 인다. 하지만 지폐 한 장이면 어떻고 두 장이면 어떠랴. 값으로 환산할 수 없는 아름다운 양심이 오가는 무인카페에서 이만큼 행복했으면 그만인 것을.

바다 건너 작은 섬, 무인카페 '오월의 꽃'이 사람들을 불러들인다. 한 치의 망설임 없이 마음의 문을 활짝 열고 이 먼 곳까지 사람들을 불러들이고 있는 것이다.

바닷가에서 듣는 노래

가족이 모두 잠든 시각, 잠을 설치다 거실로 나온다. 내가 이불을 둘러쓰고 시계 소리와 실랑이를 벌이고 있을 때, 보름달이 앞산 능선까지 내려와 휘영청 밝은 빛을 드리우고 있었다. 거실 한편에 있는 수반에 달빛이 가득하다.

우리 집 거실에는 옹기로 만든 수반이 하나 있다. 아파트를 옮겨 오면서 어른 두 사람이 거들어야 할 만큼 커다란 수반을 새로 들이게 되었다. 그곳이 작은 연못이자, 숲이 되었다. 어느 개울에서 딸려온 물고동이 새끼를 낳고 자라기가 여러 해째 되풀이되고, 수반 한가운데 있는 암석 주변으로 몇 가지 수초가 뿌리를 드리우고 있다. 이제껏 바닥에 맥반석을 깔아 두었을 뿐, 내가 그 안의 생명들에게 따로 해준 게 없다. 수반에 물을 넉넉하게 채워두고 햇볕이 잘 들게 해주면 그만이었다. 그런데도 어찌나 번식력이 좋은지 이따금씩 수초 뿌리를 뜯어내고 곁잎을 솎아주어야 했다.

달빛을 헤치고 그 안을 들여다본다. 깨알만 하던 새끼 고동이 며칠 새 제법 컸다. 물고동 몇 개가 수면 위에서 몸을 뒤집고 유영을 즐기고 있다. 수반에는 맥반석 말고도 어느 바닷가, 어느 강가에서 주워온 돌멩이들이 섞여 있다. 물고동을 한쪽으로 밀어내고 자갈돌을 골라 거실 한편에 밀쳐두었다.

날이 밝아, 지난 달밤에 물질한 자갈과 베란다에 있던 자갈돌을 한데 모아 투명한 유리용기에 담고 물을 부어두었다. 감수성이 예민한 아이가 그것을 한참 들여다보더니 "엄마, 저 안에서 파도소리가 들리는 것 같아." 한다. 우리 집 거실에 바다가 하나 생긴 셈이다. 그 작은 바다에 손끝으로 물결 이랑을 만들어본다. "쏴아아~." 파도가 밀려온다. 이내 그 안에 파도가 일렁인다. 나는 서슴없이 바다로 향한다.

바다에 유년의 고향이 있다. 방학을 맞아 바닷가에 있는 작은댁에 자주 놀러 가곤 했다. 나는 수영을 하지 못할 뿐 아니라, 배 타는 것이 무서워 간신히 바닷가에서 조개를 줍거나 반짝반짝 윤기 도는 자갈을 주우며 시간을 보냈다.

땡볕이 이글거리는 자갈밭에서 해수욕을 하고 갯바위에서 낚시하는 사촌들을 따라다니다가 늦은 점심을 먹을 때가 많았다. 내가 시커먼 그을음 이는 풍로에 성냥불을 붙이는 동안, 동생은 정지 밖 작은 우물에서 물을 떠 왔다. 양은냄비에 물을 넉넉하게 붓고 라면을 넣어 팔팔 끓이면, 맛있는 라면탕이 되었다. 서로 머리 맞대고 먹는 맛이 꿀맛이었다.

라면이 출시된 지 얼마 되지 않아, 라면 값이 비싼 때였다. 슬하에 자식이 없던 큰아버지는 작은엄마 못지않게 우리 형제들에게 살뜰했다. 내가 손을 내밀면 큰아버지는 별말씀 없이 오천 원짜리 지폐 한 장과 가게 진열대에 있던 라면 몇 봉지를 쥐여주곤 했다. 그때 먹던 라면 맛은 오랫동안 내 침샘을 자극하는 맛이 되었다.

아들 형제를 둔 작은엄마는 유독 내게 애틋했다. 작은댁에서 며칠을 묵고 집으로 돌아올 때면, 작은엄마가 사 주신 원피스에 꽃신을 신은 나는 동화 속 공주라도 된 듯했다. 여름이 다가오면 방학부터 손꼽게 되었다.

그런데 바다에선 아름다운 기억만 불러일으키는 게 아니었다. 어느 해 여름에 있었던 무서운 기억도 밀려왔다. 어른들은 태풍에 대비하느라 분주했다. 폭우를 동반한 거센 바람이 집을 송두리째 삼킬 것만 같았다. 문고리를 걸어 잠그고 뜬눈으로 밤을 지새우다시피 했다. 날이 밝아오면서 밤새 천지를 뒤흔들던 태풍은 잠잠해졌다. 그러나 아랫골 친척 오빠는 영영 집으로 돌아오지 않았다. 폭풍에 밀리지 않도록 매어둔 배 한 척만이 황망하게 바다에 떠 있었다.

성난 파도가 스무 살 청년의 목숨을 삼켜버린 지난밤. 바람 소리인지 파도 소리인지 모를 절규가 온밤 내내 울부짖다 동이 트면서 수그러들었다. 친척 오빠네는 얼마 지나지 않아 서울로 이사했다.

그 일을 지켜본 이후, 내 귓가에서는 그날의 바람 소리가 한동안 떠나질 않았다. 즐겁기만 하던 유년의 고향 바다가 포효하는 짐승 울음소릴 냈다. 바다는 거대한 괴물로 변해 있었다. 그날 이후, 바다에 대한 두려움 때문이었는지 어른이 되도록 바다를 찾는 일이 거의 없었다.

망각할 수 있을 만큼 시간이 지나서였을까. 다시 바다를 찾게 되었다. 결혼하고 아이들이 자라면서 휴가차 가족들과 자주 바닷가로 여행을 갔다.

그 바다에서 다시 위안을 얻는다. 둘째 아이를 떠나보내고 지리한 여름을 지내고 있을 때, 남편은 무력하게 누워있던 나를 동해에 데려다 주었다. 그 바다에다 마음속에서 웃자라 나오는 봉분封墳을 한 움큼씩 한 움큼씩 밤새 떼어 냈다.

어두워지는 백사장, 그 바닷가엔 나를 포함해 대부분의 사람이 마음속 아픔을 달래려 찾아온 듯싶었다. 사업에 실패하고, 사랑에 실패하고, 인생에 실패한 사람들이 모여 있는 종착지가 바로 그 밤, 그 바다라는 느낌이 들었다.

하지만 아침이 되자, 바다는 종착지가 아니었다. 지난 밤 침잠하던 바다에 새로운 기운이 일고 있다. 그곳에서 희망의 메시지를 듣는다. 간밤의 바다에서 보았던 소멸, 어둠의 이미지가 아침이 되자 생성, 생동의 바다로 변해 있었다.

가지각색 사람들을 포용하는 품 큰 바다, 그래서 나는 바다를 자주 찾는다. 거기서 여러 가지 노래를 듣게 된다. 사람들은 그 바다에 제 각각 삶의 무게를 내려놓는다.

다시금 바다에 가고 싶다. 이번 바닷가에서는 어떤 음색의 노래를 들을 수 있을까. 애꿎은 달력을 쳐다보며 내려놓아야 할 추의 무게를 하나하나 견주어 본다.

마음의 성소聖所

섬진강 변에 집을 한 채 짓는다. 물기슭에 터를 고르고 조개껍데기로 담을 쌓는다. 온 가족이 거들어 모래집 짓기 놀이에 빠져있다. 큰아이가 모래집 한편에 커다란 방 하나를 만들어 놓는다. 그 안에 엄마 아빠, 제 동생 침대까지 꾸며 놓는다. 또래의 아이들이 염원하는 독립된 주거 공간이 아니다. 아이가 마음속에 그리는 집은 온 가족이 함께 뒹굴고 부대끼는 단칸방 같은 것이었다.

가족들과 처음으로 섬진강을 찾았을 때, 벚꽃 십 리 길에 하늘하늘 꽃눈개비가 흩날리고 있었다. 널따란 모래벌판을 너울너울 뛰어다니던 둘째 아이가 "엄마, 우리

여기서 살면 안 돼?" 하고 물었다. 아이의 눈에 비친 섬진강은 어떤 모습, 무슨 빛깔이었을까?

아이와 새끼손가락 걸며 이듬해를 기약했지만 그다음 해, 서울대 암 병동에서 봄을 맞았다. 그리고 몇 번의 봄이 훌쩍 지났다. 다시 가족여행이 시작되었다. 떠나보내고 다시 맞은 인연, 둘째의 빈자리에 세 살짜리 아들이 함께하게 되었다. 여느 때처럼 기념사진도 찍고 모래사장에 질펀하게 자리 잡고 앉아 모래 놀이를 하고 있다.

집짓기 놀이에 심드렁해지면 강물에 들어가 재첩을 잡는다. 남편이 시범을 보이자, 남매가 무릎까지 바지를 걷어붙이고 몸을 웅크린 채 연신 물속을 헤집는다. 모래가 뿌연 물 먼지를 일으키며 가라앉는 곳에 까마반지르한 재첩이 모습을 드러낸다. 모래만 슬쩍 헤쳐도 나오는 조개잡이 놀이가 무척이나 신기했나 보다. 신이 난 남매는 금방이라도 물속에 고개를 처넣을 태세다.

아이들이 한창 조개잡이 삼매경에 빠져있는데, 시나브로 강물이 밀려들기 시작한다. 우리가 지어놓은 집 한 채가 순식간에 사라져버린다. 시간이 가면 모든 순간은 과거가 된다. 밀물이 속도를 탄다. 방금 우리가 애써 만들어 놓은 모래집이 일순 흔적 없다. 아이들의 빼근한 목덜미를 일부러 잡아끌지 않아도 되었다.

재첩 끓는 냄새가 민박집 앞마당에 뽀얗게 진동한다. 집주인은 향이 좋다며 봄나물 한 접시와 부침개를 가져왔다. 넉넉한 시골 인심에 벌써 포만감이 든다. 저녁 식사를 마치고 났을 때, 어느새 어둠이 산골을 잠식하고 있있다.

평소엔 자정이 다 되어 잠자리에 들던 아이들이 군말 없이 어둠이 내어준 이불 속으로 파고든다. 그 속에서 여덟 개의 눈망울이 도란거리다 점점 사위어 간다. 깊은 계곡에서 흘러내린 물소리가 스멀스멀 민박집 가까이 다가와 밤을 그대로 지새우려나 싶었는데, 새벽녘이 되어 단잠을 한숨 잘 수 있었다.

다시 섬진강 변에 아침이 열리고 있다. 지리산의 울울한 산봉우리들이 울고 나면, 깊은 골짜기 예제서 새벽 기운이 계곡을 타고 흘러내린다. 섬진강을 따라 흐른다. 저 강을 따라 봄꽃이 흐르고, 봄꽃을 따라 사람들이 흐른다. 각지에서 모여든 사람들이 형형색색 꽃으로 피어나 저 강물처럼 흐르고 또 흘러든다.

나는 숙련된 화가가 되어 산세를 타고 흐르는 강변의 풍경을 담는다. 흘러드는 발길 스스럼없이 품어 주고 미련 없이 떠나보낼 줄 아는 들숨 날숨의 강, 그 겸허함도 그려 넣는다.

저 강에 그 무엇이 있어 사람바다 이루며 몰려드는 것일까. 내가 둘째 아이를 떠나보내고 이 안온한 곳에서 잠시 머물던 때, 굽이굽이 에움길 따라 걷곤 했다. 저 강과 함께 정처 없이 곤두박질하다 이내 잠잠해지기를 수없이 반복했다. 저 강은 내게 때론 자애로운 어머니처럼 헛헛한 가슴을 쓸어주고, 때로는 엄한 스승처럼 삶에 연연한 것을 꾸짖곤 했다.

사람마다 마음의 성소 한 곳쯤 두고 살고 있을 터. 어딘가에 안주하고 싶을 때 한걸음에 달려와 안길 수 있는 곳, 언제고 따스하게 나를 감싸 안는 강. 흐르고 흐르다 보면 절로 정화淨化되는 강, 섬진강은 내 마음의 성소聖所다.

섬진강, 나는 이곳에서 유영하는 법을 배운다. 높이

솟았다가 한길 낭떠러지로 추락하는 파고에 몸을 맡겨 본다. 수면처럼 잠잠한 물결은 사람을 무기력하게 하지만, 가끔 만나게 되는 물여울은 나태해지기 쉬운 삶에 활력을 준다. 섬진강 물줄기가 줄기차게 흐르다 우리가 은빛 모래집을 지은 솔수평이 있는 하동 백사장에서 한바탕 진을 친다. 가라앉아 있던 내 작은 몸뚱이가 추락하면 할수록 둥실 떠 유영하기 시작한다.

3 또 다른 쓰임의 자리에서

그들의 어깨에 어떠한 날개라도 달아주고 싶다. 길었던 고난의 시간을 접고 다시금 멋진 비상을 기대해 본다. 저 달빛 덮고 세상의 모든 사물이 숙면에 들기를….

또 다른 쓰임의 자리에서

아파트 정원에선 여러 종류의 나무들이 무덕무덕 무성한 그림자를 더해가고 있었다. 지난겨울, 주차장 확장공사를 대대적으로 하면서 그 넓던 녹지가 반으로 줄었다. 곱지 않은 눈총이 따가웠을까, 나무들이 사라진 주차장 한편에 '화단보호 전면주차금지'라 새겨진 푯말이 남은 수목으로부터 등을 돌리고 섰다.

아파트 옆 수풀 우거진 산책로, 책 한 권 들고 벤치에 앉으면 시간 가는 줄 몰랐다. 아지트처럼 즐겨 찾던 그곳에도 작은 주차 공간이 만들어졌다. 주차하고 집으로 드나들기는 편했지만, 문득문득 아름드리나무 곁에서 머물던 내 흔적마저 가뭇없이 사라져버린 것이 못

내 아쉬움을 더했다.

그렇지 않아도 나무들의 빈자리가 허전하던 터에, 방송에서 우연히 '나무고아원'에 대한 소식을 듣게 되었다. 그로부터 주민보다 먼저 터를 닦고, 열다섯 해 동안 아파트 정원을 지키던 나무들의 행방을 찾아보기로 했다.

한강 미사동, 마른 억새 숲 너머로 사연 안은 발길이 서성인다. 출입문에 채워진 자물쇠로 보아 겨우내 이곳을 찾는 이 없었나 보다. 굳게 닫힌 철문 양옆으로 두 그루의 소나무가 꾸부정한 몸을 낮추고 경계의 눈빛을 보낸다. 샛길을 통하여 그곳을 한 바퀴 돌아 나오도록 낯선 이에 대한 긴장을 놓지 않는다.

이곳 나무고아원은 사람들의 편의로 밀려난 나무들이 자라는 곳이다. 사람들 건강에 좋지 않다는 이유로 시가지 가로수를 교체하고, 성장이 더디거나 병이 든 나무는 천덕꾸러기 신세를 면치 못한다. 실리에 눈먼 이들의 무책임한 유기遺棄다.

차도를 넓히고, 건물을 늘리면서 나무들이 설 자리를

잃어간다. 갖가지 사연을 가진 나무들의 쉼터가 절실하던 터에 이곳 한강 변에 나무고아원이 문을 열게 된 것이다.

넓은 부지에 듬성듬성 서 있는 나무들의 설명한 가지가 순탄치 않은 삶을 대변하는 듯하다. 한때는 사람들의 사랑을 한몸에 받던 귀하신 몸이 애물단지가 되었다.

중장비에 찍힌 나무, 버림받고 엎어져 빈약한 뿌리로 생을 지탱하던 나무, 팔이 동강 난 나무가 메마른 몰골로 겨울 끝자락을 나고 있다. 나무고아원 안쪽에서 피부병이 심해 고사 직전에 놓인 은행나무가 가느다란 바람 한 줄기에 고통스러워한다. 저 늙고 병든 나무는 또 무슨 사연을 안고 예까지 흘러든 것일까.

나무고아원 한편에 있는 임시 건물, 갈 곳 잃은 발길이 이곳에도 머문다. 주인을 잃은 자전거들이다. 한강 변을 산책하는 이들의 발이 되어 강변을 누비다 저 숲에서 땀을 식혔을 자전거들이, 다른 잡동사니와 뒤섞여 창고 안에 버림치처럼 널브러졌다. 아마도 계절 탓일 게다. 머지않아 저 안의 물건들이 각자의 자리에서 제 몫을 해낼 날이 오리라 믿는다.

또 다른 곳, 반포천 부근에 있다는 나무고아원엔 또 어떤 사연이 있는지 궁금했다. 내가 그곳을 찾았을 때, 대단위 아파트 단지가 들어서느라 공사 차량과 소음으로 주변이 무척 번잡했다. 산책로에는 운동 나온 이들이 많았다. 그들 틈에서 두리번두리번 나무고아원을 찾기 시작했다. 반포천이 내려다보이는 언덕배기 일대와 공원의 후미진 곳까지 샅샅이 살펴보았지만, 어디에서도 그 흔적을 찾을 수가 없었다.

며칠 뒤, 인터넷에 실린 나무고아원의 글과 사진을 들고 다시 그곳을 찾았다. 인근에 산다는 반백의 할아버지는 고사하고, 관심이 있을 법한 젊은이에게 인쇄물을 보여주며 애써 설명해 보았지만, 오히려 그가 뜨악한 표정으로 나를 쳐다본다. 부근의 파출소 직원도 가까운 곳에 그러한 것이 있다는 사실조차 알지 못했다. 또 허사일까. 나무 고아원은 어디로 사라진 것일까. 이제 나무고아원이 자리했을 만한 곳은 건너편 공사 현장일 거란 짐작뿐, 그것을 확인할 길이 없어 애가 탈 지경이다.

언덕 한편에 자리하고 앉는다. 잃어버린 혈육도 아닌데 나는 지금 무슨 연유로 이렇게 나무의 행방을 찾아

헤매고 있는가. 한편으론 한심하다는 생각마저 들었다. 그만 돌아가리라 주섬주섬 가방을 챙기다 문득, 구청의 공원녹지 담당 직원에게 연락을 해보면 알 수 있겠단 생각이 뇌리를 스쳤다.

다행스러운 소식인 즉, 나무고아원은 아파트 신축공사에 밀려 양재동 안골이란 곳으로 일부가 옮겨졌고, 그 중 건강한 몇 그루는 가로수와 정원수로 입양되었다는 것이었다. 자신들의 편의대로 곁에 두었다가 대수롭지 않게 내다 버리는 일상. 나무건 사람이건 그 대상이 무엇이든 가리지 않는 세상이다.

고개 들어 주위를 둘러본다. 딱히 눈길 둘 곳 없는 도심 한복판. 나무고아원 빈자리를 잠식해버린 아파트 공사장, 높은 담벼락엔 '살고 싶은 도시'라는 대형 현수막이 바람에 어지럽게 흔들리고 있다.

주거공간을 늘리기 위해 조붓한 땅을 파헤치고 무성한 콘크리트 숲에서 살고 싶어하는 사람들. 그 염원이 담긴 고층아파트, 그 끝이 하늘을 찌를 듯 우뚝하여 올려다보는 시선에 현기증이 인다.

나무고아원을 돌아보는 동안, 사라진 것들에 대해 생각하게 된다. 애석하게도 우리 주위에서 버려지는 것이 필시 나무만은 아닐 것이다. 유행이 지나고 구색에 맞지 않아서, 내게 불편하다는 이유로 사람들로부터 외면당하는 것들이 설 자리를 잃어가고 있다.

나무고아원에 다녀온 이후, 한동안 가슴이 암암한데 '가슴으로 낳은 아이'를 키우고 있는 한 연예인 부부의 미담을 선해 듣는다. 소외된 아이들을 사랑과 정성으로 대하다 보면, 훗날 그들도 사랑의 전도사가 될 것을 믿는다는 부부의 아름다운 동행이 가슴 훈훈하게 한다. 힘든 상황에 처해 있는 아이들에게 진실한 사랑을 실천하는 부부의 미담은 요즘처럼 버려지는 것들이 많은 사회에 진지한 물음을 던진다.

나무가 우거진 숲이든, 사람 숲이든 간에 우리 곁에는 소중한 것들이 머물고 있다. 흔쾌히 손 내밀어 서로의 버팀목이 되어주고 쉼터가 되어주는 존재들. 우리가 사랑으로 돌보는 아이들의 꿈이 그러하듯, 나무고아원에서 잘 자란 나무들이 또 다른 쓰임의 자리에서 그늘이 되고 쉼터가 될 날을 기대해본다.

날개 달기

까치 무리가 비상을 시작한다. 야산에 근접해 있는 아파트에서 흔히 볼 수 있는 풍경이지만, 오늘따라 날갯짓이 심상치 않다. 산에서 맞은 편 아파트 옥상으로, 다시 산으로 무리지어 비상한다. 거실 창가에서 얘기하던 아버지와 내 시선이 덩달아 그것을 좇는다. 그 수가 수십 마리를 넘는 것 같다.

까치는 애초 동구 밖, 느티나무에 둥지를 틀고 소식을 전하던 길조吉鳥였다. 그런 까치가 먹을거리를 찾아 도심 아파트까지 날아들어 음식물 쓰레기통 주위를 서성거리고 있다. 더구나 지금 사는 아파트는 복도에 창문이 설치되지 않아, 현관문 앞까지 드나드는 바람에 그 배설물로 골칫거리다. 그런데 오늘 보게 된 까치 무리의 비상은 왠지 예사롭지 않다.

"저렇게 많은 까치를 봤으니 분명 좋은 일이 있을 거예요."

농 섞인 내 말에도 아버지는 별 대꾸 없이 자리를 털고 일어나 지팡이를 챙기신다. 혼자 가겠다며 현관을 나서는 아버지를 모시고 지하철역으로 향한다.

지하 주차장에 차를 세우고 계단을 따라 오른다. 지하철역사로 오르는 통로 입구에서부터 담배 연기가 자욱하다. 이층경륜장에서 경기가 있는 날인가 보다. 점퍼 차림의 사내들이 초췌한 모습으로 삼삼오오 계단에 앉아 다음 경기를 기다리고 있다. 어떤 이는 통로 구석에 신문지를 깔고 누웠고, 몇몇 사람은 컵라면으로 끼니를 때우고 있다. 또 몇몇은 연거푸 줄담배를 피우면서도 지나는 사람을 의식하지 않는다.

최근 들어 상가가 밀집한 지하철역 부근에 사행성 오락실이 느는 추세다. 언젠가 역사 지하주차장에 차를 세우고 지상으로 통하는 길을 찾지 못하고 경륜장으로 들어서게 되었다. 동관과 달리 후미진 서관 주차장을 이용하는 사람은 적은 편이다. 동관에 주차 공간이 없어, 서관에 주차하고 어렵게 찾아낸 통로가 그곳이었다.

경륜장 실내는 묘한 분위기를 자아내고 있었다. 광기 어린 눈빛이 한 곳으로 집중되어 지나가는 낯선 시선을 전혀 의식하지 않았다. 또 언젠가는 새로 생긴 실내 경마장 안을 우연히 구경하게 되었는데 사람들이 가득 찬 그곳에 무아의 경지가 펼쳐지는 듯했다. 모니터 화면에 고정된 눈빛은 먹이 쫓는 맹수와 다름없었다. 한 순간의 요행을 바라는 그 절실한 눈빛에 밀려 슬그머니 경마장을 빠져나온 적이 있다.

외환위기 이후, 어려워진 경제로 실업자가 늘고 있다. 집안에 한 명씩은 실직자가 있다는 말이 있을 정도로 실업문제는 이 시대 가장 큰 걱정거리다. 정년의 연령대가 오륙도(56세)에서 사오정(45세)으로, 다시 삼팔선(38세)으로 마지노선이 내려섰다. 이젠 더는 정년 나이가 따로 없게 되었다. 취직 문턱에 들기 위해 더 많은 스펙을 쌓고 취업을 기다리는 젊은이들은 또 얼마나 많은가.

계단을 오르는 아버지를 부축해드리기 위해 팔을 붙

든다. 그런데 가느다란 떨림이 전해온다.

"괜찮다, 괜찮아. 어서 들어가 애들 챙겨라, 울 애기 학교 끝나고 집에 오면 썰렁할 텐데."

아버지를 태운 전동차가 더디게 흐린 오후 속으로 빨려 들어간다.

불황의 시기, 설마 했던 일이 우리 집에도 일어났다. 친정오빠는 직장을 그만두고 사업을 벌이더니 고전을 면치 못하나가 새로운 직장에 다닌 지 그리 오래지 않다. 그리고 다른 사람이 모두 명퇴의 대상이 되더라도, 마지막까지 남을 사람이라며 동료로부터 나름 능력을 인정받던 남편도 명퇴하게 되었다. 손아래 남동생은 직장에서 대규모 구조조정 대상으로 예정돼 있어 집안 분위기가 살얼음판이다.

"내 오후에 집에 들르마."

집에 와서도 소파에 앉아 먼 산만 바라보다 반나절도 채 머물지 못하고 이내 본가로 돌아가는 아버지.

"너무 상심 마라. 더한 일도 겪었는데 산사람 입에 풀칠 못 하겄냐, 기운 내어라."

떨리던 아버지의 음성이 눈물에 젖는다.

어둠이 내리면서 까치들이 비상하던 그곳에 달빛이 살포시 고인다. 그 달빛을 덮고 세상의 모든 사물이 숙면에 드는 시각.

일터를 잃고 길 잃은 철새처럼 후미진 뒷골목을 배회하는 그들은 우리의 남편, 우리의 아우들이다. 곳곳이 벼랑인 세상을 날기 위해 수없이 뛰어내렸을 실업자들, 그들은 이 시각 잠자리에 들었을까. 아버지께서는 편히 잠드셨을까.

세상이 시끄러우면 줄에 앉은 참새의 마음으로 아버지는 어린 것들의 앞날을 생각한다. 어린 것들은 아버지의 나라다. 아버지의 눈에는 눈물이 보이지 않으나, 아버지가 마시는 술에는 항상 보이지 않는 눈물이 절반이다. 아버지는 가장 외로운 사람이다.

어느 시인의 시를 읽으며 벼랑 끝에 서 있는 한 가정의 가장家長을 생각한다. 제 앞가림에 바빠 부모의 안위는 안중에 없는데, 한 가슴에 열 자식을 품는 우리의 늙은 아버지, 아버지가 이 밤 가슴으로 울고 있다. 그런 아버지를 위해서라도 우리의 남편, 오빠, 아우의 어깨에 어떠한 날개라도 달아주고 싶다. 길었던 고난의 시간을 접고 다시금 멋진 비상을 기대해 본다. 저 달빛 덮고 세상의 모든 사물이 숙면에 들기를….

등대지기

구월 들어 여러 날째 늦더위가 이어지고 있다. 벽걸이 선풍기가 쉴 새 없이 바람을 뿌려대는데도 유난히 땀이 많은 K씨, 밥 먹는 동안 온몸이 땀범벅이 되었다.

"순갈 놓자마자 어디 가려는가?"

밥그릇의 반도 채 비우지 않은 노모가, 셔츠 자락 펄럭이며 일어서는 그를 불러 세운다.

"바람 좀 쐬고 올 게요."

건성으로 대답하고 역전으로 향하는 K씨. 집에서 역까지의 거리는 눈 감고도 삼사 분 거리. 급히 밥 한술 뜨고 나와, 느티나무 아래 평상을 독차지하고 앉아 뱃속에서 밀고 올라오는 트림을 꺽꺽 토해내고 있다.

광장에 도통 사람이 보이질 않는다. 문전성시를 이루던 역전 가게들이 대부분 문을 닫았는데, 역사 정면의 슈퍼와 그의 이발소만이 북적이던 역 광장의 명맥을 겨우 유지하고 있다. 슈퍼와 이발소, 미용실, 다방, 식당이 나란히 서 있었지만 농한기에 그림 놀이 장소로 근근이 사용되던 다방과 식당은 몇 개월 전 폐업했고, 미용실 여자도 얼마 전 야반도주했다.

몇 해 전, 도시에서 이사 온 자그마한 체구의 여자가 '뽀글이' 미용실 간판을 걸고 동네 여인네들의 머리를 뽀글뽀글 잘도 말아냈다. 붙임성이 좋았던 여자. 대번에 언니, 오빠로 삼고 그녀 특유의 아양으로 이웃과 섞이는가 싶었는데 어느 밤, 소리 없이 동네를 떠났다.

떼인 돈보다 떼인 정이 야속해 속 끓이는 이가 K씨의 아내뿐이겠는가만, 낮에 그의 아내가 마당에서 허드렛일을 하다말고 한바탕 소리를 질러댔다. 정면으로 올려다뵈는 미용실에 어찌 또 시선이 꽂혔는지.

하필 그때 분위기 파악 못하고 바짓가랑이 물고 늘어

지던 애꿎은 누렁이가 그녀에게 호되게 한 방 맞고는 제집으로 줄행랑치고, 소란스런 바깥의 동정을 문틈으로 살피던 시모가 슬며시 문을 닫고, K씨도 행여 불똥이 튈세라 담배 한 개비 물고 집을 나섰다.

그의 이발소 옆에서 장사하던 그녀가 가게를 접을 즈음부터 버럭, 소리 지르는 버릇이 생겼다. 한때 군에서 수여하는 효부상을 두 번이나 받을 정도로 인정 많고 싹싹했던 그녀, 시골 동네에 시집와 과수원에서부터 지금의 가게를 꾸리기까지 일을 놓지 않으면서도 돈보다 건강이, 물질보다 사람이 우선이라며 주변의 시답잖은 부탁에도 서슴없이 뭉칫돈을 풀어놓던 그녀였다.

부아가 난 아내를 보며 집에 있기가 머쓱해 대낮부터 터벅터벅 집을 나선 곳도, 초저녁부터 텔레비전 앞에서 멀뚱거리고 있을 모양새가 심드렁하여 마실 나선 곳도, 역전 광장이다. 더구나 이발소 문을 열면 바로 광장이다. 일하다 무료할 때 시시로 시간 보내기 좋은 곳이다. 굳이 누구를 찾아가지 않더라도 느티나무 아래 앉아 있으면 심심찮게 동네 사람을 만날 수 있어, 그에게 있어선 더없이 괜찮은 장소다.

젊은 시절, 몇 해 동안의 서울 생활을 정리하고 시골로 내려온 K씨. 그가 면 소재지 번화가에 자리를 잡고 '행운이발소' 간판을 건 지 어언 삼십여 년의 세월이 흘렀다. 건물 외벽의 빛바랜 간판, 삐걱거리는 출입문, 전면 거울 앞에 놓인 낡은 트랜지스터라디오와 손때 묻은 물건들이 곳곳에서 그와 동고동락한 세월을 고스란히 말해주고 있다.

미장원이 미용실로, 헤어숍으로 변모를 서둡하면서, 이발소 손님이 뽀글이 미장원으로 분산될 때만 해도 일곱 식구 끼니 걱정은 하지 않을 정도였다. 그런데 가까운 읍내에 세련되고 깔끔한 헤어숍이 하나둘 들어서면서부터 손님이 아예 끊겨버렸다. 그나마 거동이 불편한 동네 어르신 몇 분이 "내가 언제 감세." 하고 예약한 날이면, 가게 안의 불을 환히 켜놓고 능수능란하게 가위질을 해대지만 한 달 손님이라야 손가락 안에 꼽을 정도다.

아내가 다시 팔을 걷어붙이고 읍내에서 늦은 시각까지 장사하게 되면서, 어지간한 집안일은 그의 몫이 되다시피 했다. 아내가 잠시 집에 다녀가며 엄니 수발 잘

들라 당부한 말은 잊은 채, 약속이라도 있는 사람처럼 느티나무 아래 앉아 시간을 보내고 있는 K씨.

멀리 기적 소리가 울린다. 오래전, 장에서 곡물 장사를 하던 노모가 타고 오던 막차가 지나는 시각이다. 이고지고 온 보따리 위에 노모의 수고까지 주섬주섬 어깨에 지고 앞장서던 기억이 아련하다. 주변의 장을 돌며 장사를 하던 노모는 구순을 넘기면서 하루에도 몇 번씩 흐릿한 기억의 터널을 드나든다. 그러면서도 열차 지나는 소리로 해가 차고 이우는 시각을 읽어내곤 한다. 저 열차 기적 소리를 듣고 텔레비전 앞에 바짝 다가앉아 연속극을 보고 있을 노모의 일과도 그렇게 곧, 마무리될 것이다.

추석을 며칠 앞둔 때이지만, 열차에서 내린 댓 개의 그림자가 총총걸음으로 아랫마을 방향으로 사라진다. 하행선 열차가 떠나고 더 고즈넉해진 역전 광장에 작은 불씨 하나가 깜빡, 깜빡이고 있다.

고령의 노인이 대부분인 마을에서 K씨는 환갑을 훌쩍 넘긴 나이에 젊은이 취급을 받고 있지만, 점점 인구가 줄어가는 면 소재지의 허름한 이발소를 언제까지 지키고 있어야 할지, 이발 기술 외엔 집안일조차 서툰 그는 난감하기만 하다.

뻐끔뻐끔, 그가 담배개비 물고 몽롱한 가로등 불빛에 잠긴 이발소를 무심히 바라보고 있을 때, 앉은뱅이 노모가 휴대폰 너머에서 애타게 그를 부르고 있다.

"큰아그야, 어딘가?"

노모가 기다린다는 것을 알기에 언제부턴가 연락하지 않고 친가를 찾고 있는 우리 집 남자. 그이가 노모께 인사드리고 역전 광장으로 들어섰을 때, 그곳에서 깜빡거리는 작은 불빛을 발견했다. 흐릿한 불빛 아래에 우두커니 앉아 있는 이가 큰형임을 금세 알 수 있었다.

"동생이 이 시각에 어쩐 일이여? 어여 들어가세."

먼발치서 동생의 목소리를 알아듣고 단박에 자리를 박차고 일어서는 K씨, 그의 목소리에 힘이 실린다. 도란도란, 가로등 그림자 길게 누운 야심한 시각까지 형제는 이야기가 길다.

K씨, 누가 뭐래도 그는 일곱 식구의 가장이요, 이 어둠 속에 그를 찾아오는 막냇동생에게는 아버지와 같

은 존재다. 이십여 년 전, 미국에서 터를 잡고 나이 들수록 먼 하늘 바라보게 된다는 둘째 동생의 고향이며, 앉은뱅이 노모의 지팡이다.

박꽃 미소가 그립다

친구들과 대둔산 산행을 마치고 대합실에서 내려가는 케이블카를 한 시간 가까이 기다리는 중이었다. 발 디딜 틈 없이 복잡한 대합실에 또 한 무리의 사람들이 쏟아져 들어온다. 두 사람씩 손을 맞잡고 주춤주춤 발을 들여놓는다. 보아하니 시각장애인들이 산행을 온 모양인데, 자원 봉사원이 그들의 지팡이가 되어주고 있었다.

얼마 전, 장애를 가진 이들이 연주회를 열었다든가, 산악 원정대와 함께 등반길에 올랐다는 이야기를 접한 적 있다. 보통 사람들도 버거워하는 산행을 감행한 그들을 보면서 내심 놀라지 않을 수 없었다. 곁에 봉사원의 도움이 있어서 가능했겠지만, 앞을 보지 못하는 그들이 산에 오르고 연주회를 열기까지 감수해야 하는 어려움을 생각하면 선뜻 이해가 가지 않는 일이었다.

그런데 산행을 마치고 대합실에 들어서는 그들의 모습에서 그 실마리를 찾을 수 있을 것 같았다. 힘든 등반을 마쳤다는 성취감 때문일까. 그들의 얼굴에 희열에 찬 미소가 넘치는 것이었다. 저들은 가을 산의 기운을 눈이 아닌 소리로, 냄새로, 느낌으로 고스란히 전해 들었을 것이다. 시각장애인들이 대형버스를 타고 떠나는 것을 보며, 한 지체장애인 청년을 떠올리게 된다.

지난겨울의 일이다. 자가용 승용차에 흠이 생겨 보기에 거슬렸다. 그것을 없애기 위해 분무기용 흰색 래커를 차에 뿌리는데, 그만 그것이 바람에 날려 신고 있던 가죽 부츠 위에 흩뿌려졌다. 검정 부츠에 흰 눈 쌓인 셈 치고 며칠을 별생각 없이 지냈는데, 차츰 신경이 쓰여 병원 가는 길에 구두수선 가게에 들르게 되었다.

중심상가 번화가에 구두수선 가게가 있다. 한 평 남짓 되는 작은 가게엔 사장이 둘이다. 그곳에선 신발수선은 물론이고 열쇠맞춤과 도장, 고무인 등 취급 품목이 다양하다. 그 좁은 공간에 구두와 열쇠에 관련된 부속품들이 사방 벽에 빼곡하게 걸려있고 흑백텔레비전과 소형 라디오가 있으며, 출입문 바로 앞에는 손님용 간이의자까지 놓여 있다.

나는 의자에 웅크리고 앉아 구두가 허물을 벗는 과정을 지켜보았다. 덩치가 큰 사내가 구두를 수선하고 그 옆에서 청년이 열쇠를 만들었다. 열쇠와 관련된 일은 청년의 몫인 듯한데, 그는 왜소한 몸집의 지체장애인이었다. 말하기도 쉽지 않은 그가, 찾아오는 손님을 맞기 위해 굼뜬 동작으로 앉았다가 서기를 반복했다.

구둣가게 사장이 신발에 묻은 흔적을 지우고, 그 위에 두껍게 구두약을 덧칠하여 광택을 내는 동안, 청년이 하는 일은 진척이 거의 없었다. 그가 필요한 물건을 잡기 위해 느럭느럭 몸을 움직이는 것을 지켜보면서 선뜻 집어주고 싶은 충동이 몇 번이나 일었지만, 어렵사리 몸을 움직이면서도 힘들어하기는커녕 무엇이 그리 좋은지 연신 싱글벙글했다.

그의 동작은 늘보처럼 계속되었다. 그러던 그가 내게

얼굴의 모든 근육을 움직여가며 무어라 말을 건네는데 좀처럼 알아들을 수 없었다. 구두를 닦던 사장이 중간에서 통역해 주었다.

"아줌마, 이쁘대요." "그대도 멋쟁이." 갑작스러운 상황이었지만 내가 엄지손가락을 얼른 들어 보이자, 그가 한 손에 작업 중이던 물건을 쥐고서 온몸이 뒤틀리도록 웃느라 벌어진 입이 좀처럼 다물어지지 않았다. 그럴 때마다 얼굴의 모든 근육이 일그러지지만, 그 모습이 거북해 보이지 않았다. 턱을 한껏 치켜들고 웃음이 빵, 터지면 벌어진 입이 한동안 다물어지지 않았다. 순박한 열쇠가게 청년의 미소가 마치 달빛 우러른 박꽃 같다는 생각이 들었다.

한 평짜리 가게 안팎에서 일어나는 삶의 현장은 너무 대조적이다. 가게 부근은 번화가로, 주변만 해도 구걸하여 용돈을 버는 장애인들을 쉽게 만날 수 있는 곳이다. 그들 대부분은 장애라는 신체적 결함을 스스로 극복하지 못하고 동냥으로써 고단한 하루를 보내고 있다.

그렇지만 그 번잡한 번화가 한 평짜리 가게에서 즐거이 일하다 간간이 피워내는 열쇠가게 청년의 미소가, 그곳을 찾는 사람들의 마음까지 밝게 해주고 있었다.

겨울이 지나고 내가 한 평짜리 가게를 다시 찾았을 때, 열쇠가게 청년의 모습이 보이지 않았다. 얼마 전 어깨수술을 하여 통원치료 중이라고 했다.

사람들로 북적이는 중심가 한복판에 꽃보다 아름다운 미소가 있었다. 돌아앉기도 편치 않은 한 평짜리 가게에서 피어나는 젊은 청년의 박꽃 미소가 오늘따라 유독 그립다. 지금쯤 그는 건강을 회복했을까.

그 여자의 뒷모습

칠월 한여름 밤, 클래식 음악회가 있는 날이다. 안양아트센터에서는 방학을 맞은 청소년을 대상으로 다양한 공연이 열리고 있다. <테마와 해설이 있는 클래식 음악회>, 다소 낯설게 느껴질 수 있는 클래식에서부터 성악, 팝 등 여러 장르의 음악을 감상하고 해설자가 설명을 덧붙이는 공연 방식으로, 공연문화가 낯선 사람들로부터 좋은 반응을 얻고 있다.

그런데 다양한 장르의 음악을 쉽게 접할 수 있다는 좋은 취지와 달리, 많은 청소년은 방학과제를 하기 위해 시간 때우기 식의 형식적인 관람을 한다. 관람 증빙 자료를 챙기고 관람 소감문을 작성해야 한다는 심리적

부담이 공연에 몰입하지 못하고 겉도는 요인이 되지 않을까 걱정이다.

안양아트센터에서 수년째 자원봉사 하는 나는, 오늘과 내일 두 번의 공연을 돕기로 예정되어 있다. 오늘 공연에서는 중앙 출입문 자리를 배정받았다. 관람객이 입장할 때, 입장권을 확인하고 음식물 반입을 통제하는 등 공연에 방해되는 요소를 미리 차단하는 일을 하게 된다.

공연의 성격에 따라 관객의 유형이 다르고 그 행태도 각양각색이다. 정장을 차려입은 점잖은 관객이 있는 반면, 오늘 공연이 다소 편하게 여겨진 때문인지 집안일을 하다 서둘러 온 듯, 반바지 차림에 슬리퍼를 신고 온 관객이 보는 이를 당황하게 한다.

어린아이를 동반한 공연에서는 돌발 상황이 자주 발생한다. 공연 도중 급한 용무가 있어 한 사람이 좌석에서 이동하게 되면, 도미노 현상처럼 너도나도 덩달아 일어서는 바람에 공연장 분위기를 한순간에 흩트려 놓기도 한다. 어린아이는 아직 어리니까 그렇지만 어른

중에도 그런 사람이 의외로 많다. 2층 좌석을 가지고 1층에 입장하였다가, 좌석이 나면 앉겠다며 사정하는 관객이 있는가 하면, 누누이 당부하지만 무단 사진촬영을 하는 이도 있고 몰래 간식을 챙겨와 먹다가 발각되는 예도 있다.

특히 공연문화에 익숙하지 않은 청소년들이 한 자리에서 두어 시간을 정숙해야 한다는 것은 대단한 인내심을 필요로 하기 때문에 오늘 공연 같은 경우, 자원봉사자들은 몇 배의 집중력이 요구되는 날이다.

입장이 시작되었다. 표를 확인하고 공연장에서의 에티켓을 당부한다. 길게 줄을 이어 기다리던 사람들이 입장을 모두 마치자, 시끌벅적 소란스럽던 로비엔 잠시 긴장감이 흐른다.

공연 시작 오 분 전, 활짝 열렸던 중앙출입문 한쪽을 닫아걸었다. 일행을 기다리던 여자가 그제야 나타나는 다른 여자를 보고, 오늘 같은 날은 좀 서둘러오면 안 되냐며 손을 잡아끌다시피 공연장으로 들어가고, 로비 출입문을 열고 뛰어오는 사람 뒤에 한 아주머니, 세 명의 아이들을 데리고 오면서 참으로 느긋하다.

"서두르세요, 출입문을 닫아야 합니다."

그런데 아주머니는 휴대폰을 꺼내 보며 "아직 시간이 안 됐잖아요?" 한다.

지켜보는 사람이 이렇게 애가 타는데 저 여유로움은 어디서 비롯되는 걸까. 여자 뒤에서 아이들이 시계를 쳐다보다 엄마를 쳐다보다 한다.

공연장 내에는 음료 반입을 통제하고 있어 아이들에겐 남은 음료를 모두 마시게 했지만, 그녀는 자신의 손에 들린 음료를 먹지 않고 가방에 넣어두겠다며 그 와중에도 실랑이를 하였다. 공연 담당 계장이 카운터에 맡겨주기를 부탁했으나, 급기야 음료수를 바닥에 동댕이질을 치는 것이었다. 그리고 유유히 공연장으로 입장했다. 여자를 마지막으로 출입문이 굳게 닫혔다.

공연 1부가 끝났다. 안내 방송이 흘러나오기 바쁘게 그녀가 가장 먼저 공연장을 빠져나왔다. 아이들 손을 잡아채는 그녀, 표정이 일그러진 여자와 울음 머금은 작은 아이, 끌고 끌려가는 그들에겐 그새 저 안에서 무슨 일이 있었던 걸까. 그런데 웬걸, 화장실 방향이 아닌 광장을 향해 종종걸음을 친다. 돌아오지 않을 발길이란 걸 직감한다.

"아주머니, 음료수 가져가셔야죠."

뒤를 쫓는 목소리에 여자의 발걸음이 도망치듯 빨라지고 아이들이 쪼르르 병아리처럼 그 뒤를 쫓는다. 깜냥 없는 어미닭 뒤를 졸졸 따르는 병아리들이다.

"쯧쯧.", 그녀를 향해 누군가 조소하듯 내뱉는다.

칠월 한여름 밤 청소년 클래식 음악회 풍경이다.

눈 내려 다행인 날

기록적인 한파에도 불구하고 농수산 도매시장 주변이 북새통이다. 시장으로 들고나는 차량이 꼬리를 물고 이어지는데, 그 복잡한 도로를 가로질러 가려는 사람들까지 뒤엉켜 어수선하기 짝이 없다. 하필 명절 대목을 앞둔 때, 집에 긴한 손님이 오기로 하여 장을 보러 나온 길이다.

돌아갈까 내심 갈등이 일었지만 기왕 내친걸음, 몇 가지 해산물을 사서 서둘러 수산물 상가를 빠져나오는 길이었다. 승용차가 있는 건너편 주차장으로 가려면 다시 길을 건너야 한다. 차가 잠시 정체한 틈을 타 부리나케 길을 건너는 사람들 뒤를 뒤늦게 따르는데, 순간 무엇인가가 내 얼굴을 강타하는 것이었다.

정신이 혼미했다. 일차선 차로와 중앙선 화단 사이, 그 비좁은 공간을 헤집고 달려오던 오토바이와 충돌한 것이다. 시야를 확보하기 위해 한껏 치켜세운 백미러에 한쪽 뺨이 부딪혀 얼얼했다. 한 사내가 오토바이를 탄 채, 웅크리고 있는 나를 쳐다보며 무어라 말을 건넨다. 괜찮은지 묻는 것 같았다.

"당연하게 안 괜찮죠!"

나도 모르게 버럭 소리를 질렀다. 두 손으로 얼굴을 감싸 안고 그를 째려보는 찰나, 당황한 빛이 역력한 사내가 한걸음 뒤로 물러서나 싶더니 이내 줄행랑을 치기 시작했다.

"야, 이 개○○!"

다급해진 나는 험한 말을 그의 뒤통수에 쏘아붙였다. 순식간에 일어난 일이었다. 신경을 곤두세우고 도망치는 오토바이의 뒤를 살펴보았다. 마땅히 번호판이 있어야 할 자리엔 알 수 없는 부속품이 닥지닥지 붙어 있었다.

그대로 돌아설 수 없었다. 장을 본 물건을 차분하게

부려둘 여유도 없었다. 장바구니를 승용차에 던져두고 사내가 사라진 상가건물 주변을 둘러보았지만, 허사였다.

'두고 봐. 오늘은 이대로 물러서지만 당신을 찾아내 사과 받고 말 테니깐. 내가 한 때 경찰이 되려 했던 사람이야. 당신처럼 뺑소니친 자를 잡은 적도 있고 소매치기도 붙잡은 사람이야….' 승용차에 한참을 앉아있있는데도 분이 풀리지 않았다.

이십 대 후반, 한여름 장마가 지루하게 계속되던 날이었다. 한강 변으로 이어지는 아파트 후문에서는 매일같이 과일을 싣고 온 트럭이 장사를 벌이고 있었다. 먹장구름 웅크리고 있던 하늘에서 좀 전부터 빗줄기가 내리쏟아졌다. 그 때문인지 중학생 또래의 남학생 둘이 우산을 함께 쓰고 내 쪽으로 걸어오고 있을 뿐, 장맛비 내리는 아파트 단지는 한산하기만 했다.

나는 한 손에 과일을 들고 다른 한 손으론 우산을 받쳐 든 채, 겨드랑이에 지갑을 넣고 빗속을 유유히 걷고 있었다. 그런데 녀석들이 내 옆을 지나치는 순간, 지갑을 잡아채어 달아나는 것이었다. 내가 잠시 당황하여 주춤거릴 때, 녀석들은 벌써 먼발치에 있는 아파트 뒤편으로 돌아서고 있었다.

침착해야 했다. 그들의 뒤를 밟으며 나름의 추리를 해보았다. 녀석들이 숨어들 만한 곳은 막다른 골목에 있는 아파트 두 동뿐이다. 저층 아파트엔 엘리베이터가 없고 조금 전부터 비가 내렸다. 그렇다면 비에 젖은 발자국이 계단에 새겨 있는지 살피면 될 일이었다.

나는 탐정처럼 아파트 계단을 유심히 살피며 포위망을 좁혀갔다. 첫 번째 통로에는 먼지조차 내려앉은 듯 조용했다. 다시 그 옆의 통로로 향했다. 그곳에 이제 막 지난 듯 발자국이 선명하게 남아 있었다.

발자국은 삼층에 멈춰있었다. 이제 녀석들은 독 안에 든 쥐요, 코 꿴 송아지다. 그들이 숨어든 곳은 그 중 한 녀석의 집, 나는 옆 동에 사는 지인에게 도움을 청하여 녀석들이 안으로 단단하게 걸어둔 빗장을 열 수 있었다.

지갑에 든 액수는 중요하지 않았다. 다만 녀석들을 혼내 주어야 한다는 일념으로 추적을 멈출 수 없었다.

그 순진한 녀석들은 내가 마치 코푸렁이나 되는 줄 알았던 모양이다. 연약해 보이는 여인이, 그것도 치렁거리는 치마를 입고서 빗길을 달려와 자신들의 요새를 찾아내리라고는 꿈에도 생각지 못하다가 혼쭐이 난 것이다.

그뿐이던가. 그 기억으로부터 오래지 않은 때, 퇴근길에 볼일을 보기 위해 주차를 하려는데 지나던 차량이 내 차의 백미러를 치고 그대로 줄행랑을 쳤다. 나는 뒤쫓는 것을 포기하고 재빨리 차량의 번호를 메모해두었다가 도망자를 찾아낸 적이 있다. 내가 마치 정의의 사도라도 된 양 집요하게 불의를 쫓던 기억이 아직 생생하기만 하다.

그날 저녁, 남편은 내 이야기를 듣고 화부터 냈다.

"혼쭐을 내줘야 해."

"인상착의는 어땠어?"

"내일 아침 그곳에서 진을 치고 기다려볼까?"

남편의 질문공세는 계속되었고, 나는 남편이 묻지도 않은 그 사내의 나이와 직업까지 유추해가며 설명을 덧붙였다. 이상하게도 잠깐 스쳐 지나간 사내의 모습이 또렷하게 떠올랐다. 분장하지 않는 이상, 그를 다시 만나면 대번에 알아볼 수 있을 것 같았다. 남편은 머릿속에 몽타주를 완성이라도 한 듯, 고개를 끄덕이고는 먼저 잠자리에 들었다.

마음이 편치 않았다.

“지가 뺑소니를 쳐? 배달일이나 하는 주제에….”

남편이 홧김에 내뱉은 말이 자꾸 곱씹어졌다.

솔직히 오늘 일은 그가 사과의 말 한마디만 했더라면, 그리 문제 삼을 일은 아니었다. 복잡한 시장통, 차선이 불분명한 도로에서 나도 무단횡단을 했으며, 지금껏 살면서 유일하게 내가 할 수 있는 최대한의 욕지거리를 도망가는 사내의 뒤통수에 날리지 않았던가.

쉬 잠을 이룰 수 없었다. 내가 부어오른 상처를 부여안고 잠들지 못한 밤, 그리 도망을 친 사내의 심정은 어떠했을까. 번호판조차 없는 낡은 오토바이, 남루한 몰골. 그의 모습이 머릿속에서 떠나질 않았다. 그렇듯 추레한 행색을 한 사람이라 해서 젊은 날 꿈인들 없었겠는가. 촉박한 시각과 다투며 배달 일 따위로 생계를 책임져야 하는 한 사내의 몸부림이 또 다른 통증이 되어 다가왔다.

내가 밤 깊도록 그 사내 생각에 빠져있을 때, 밤새 소리 없이 도둑눈이 내렸나 보다. 창밖에는 폭설이 쌓여 어제와 다른 세상이 열려 있었다.

산과 들, 나와 그 사내, 세상의 경계가 사라진 눈밭에서 천진난만한 동네 아이들이 깔깔거리며 굴러다니고 있다. 눈이 쌓이면 잘 녹지 않아 통행이 불편한 동네에 살면서, 간밤엔 폭설이 내려 참 다행이란 생각이 들었다.

"날이 궂어 어디 잠복이나 하겠어?"

밖을 내다보던 남편이 작전 포기를 선언하고는 다시 이불 속으로 들어가 버리는 것이었다. 막상 큰소리는 쳤지만 정작 그이도 마음이 편치는 않았나보다.

.날씨는 순전히 핑계일 뿐, 눈 내려 다행인 날이다.

4 섬돌

섬돌 · 보리밭 연가 · 감빛 총각
해찰 부리고 싶어진다 · 아버지의 꽃밭

선돌은 세상가의 가교架橋와 같다. 길가에 버려진 막돌 하나, 나무 한 그루가 든든한 이음자리가 되듯, 사람들도 누군가의 디딤돌이 되고 이음자리가 되리라.

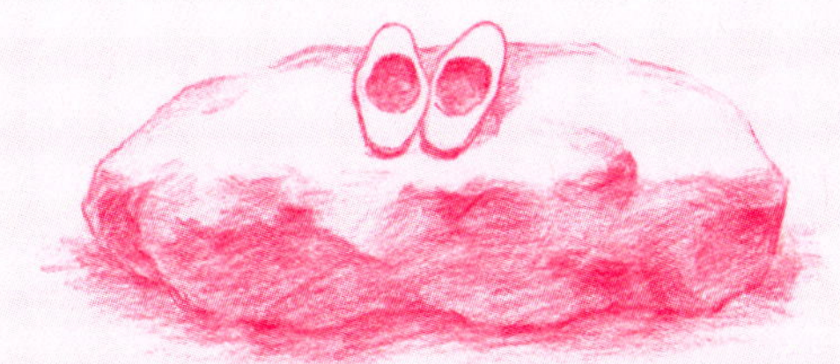

섬돌

송아지 울음 한가로운 남도 들녘을 걷는다. 선암사를 돌아 낙안읍성으로 이어지는 여정, 마냥 거드름 피우며 느릿느릿 걷고 싶은 길이다. 늘어진 발길을 재촉이라도 하려는가, 어미 소가 목 놓아 운다. 필시 멀리서 해찰 부리는 송아지를 다그치는 소리일 테다. 태양이 설핏 구름에 가리며 들녘의 바람을 몰아온다. 서둘러 읍성 안으로 든다.

낙안읍성은 들판에 세워진 야성野城으로 성벽 위에서 주변을 조망하기에 참 좋다. 뒷산 능선에서 이어지는 곡선이 초가지붕을 타고 구불구불 골목을 타고 돌아간다. 얼굴이 기억나지 않은 외할아버지가 사시던 마을에 시간여행이라도 온 듯 친숙한 풍경이다. 낙안민속마을은 이백여 명의 주민이 생활하고 있어 다른 곳보다 전통 생활양식이 잘 보존되어 있는 곳이다.

유독 이 마을에 정감이 가는 것은 건축물의 소재와 관련이 깊을 것이다. 관아를 제외한 백여 채가 초가집으로, 기단에 놓인 투박한 듯 큼지막한 댓돌이 요소에서 집터를 든든히 하고 있다. 장대석을 쌓거나 계단을 낸 사내부 십과 날리, 초가나 여염집의 기단은 둥글 넙적한 막돌을 한 줄 내지 서너 줄 쌓아 올린 것이 고작이다.

사립문 너머, 뜰을 품은 토담집, 연기 피어오르는 굴뚝, 뒤란에 있는 손바닥만 한 채마밭까지 곳곳에 토속적인 정취가 가득하다. 초가삼간 토담집 뉘 댁의 눈꼽재기창이 무척 정겹다. 큰 문을 열지 않고서도 밖의 동정을 살필 수 있도록 여닫이 옆에 작은 창을 내어둔 선조의 지혜가 엿보인다. 사립문 너머의 인기척을 알아채고 금방이라도 창문이 활짝 열릴 것만 같다.

그곳에서 어렴풋한 추억 한 자락 긷는다. 아주 어렸을 적, 친정집에도 저런 창이 있었다. 그 작은 창을 통해 문 밖의 인기척과 먼저 소통이 이뤄지던 곳. 아버지가 눈꼽재기창을 열고 문밖을 내다보거나 잔심부름을 시키던 기억은 잠시였던 것 같다.

예닐곱 살 무렵, 눈꼽재기창이 달린 집을 헐고 새로운 보금자리 공사가 한창이었다. 일곱 개의 방이 놓일 집터였으니 꽤나 웅장했으리라. 여러 명의 인부를 제쳐두고 손수 초석礎石을 다지던 아버지. 집이 완공되고 안채 앞에 기다란 섬돌 하나 다져 놓으시고선 시시때때 우리 형제들에게 신발 정리를 하게 했다.

"낯선 집 현관에 신발 놓인 것만 보아도 그 집의 성향을 알 수 있는 것이니라."

아버지는 현관 뿐 아니라, 여섯 형제의 마음자리가 흐트러지지 않도록 은연중에 주지시켜 주었다.

낙안민속마을 토담집, 눈꼽재기창 아래로 섬돌이 놓여 있다. 집채에 오르내릴 수 있도록 큼지막한 섬돌이 빈 마당을 호위하듯 당당하다. 반반하게 다듬어진 섬돌이 안채와 마당 사이에서 디딤돌이 된다.

뭇사람들 앞에서 꼿꼿한 자존심 내세우던 근엄한 가장들이 자상한 아버지로 돌아오는 곳, 천지를 누비던 발

자극이 비로소 쉼이 되는 공간이다. 세상의 아버지들이 섬돌 위에 가장의 권위와 위엄을 내려놓는다면, 세상 어머니들은 머리 조아리고 마음 들여 신발을 닦는 곳이다. 길 떠나는 가족이 마음을 다잡고, 또 내려놓게 되는 의식의 자리인 셈이다.

고즈넉한 어느 사찰, 선방 앞에 놓여 있던 통나무가 생각난다. 살아서는 한때 땅과 하늘을 잇는 기운이 관통했을 나무 한 그루. 수명이 다한 나무의 몸통 하나가 그 자리에서 디딤 발판이 되어 새 생명을 열어가고 있었다.

수고하고 짐 진 자들을 모두 품어줄 듯, 속세와 극락의 이음자리라도 되듯 고고하기까지 했다. 세상과 나를 관통할 깨달음을 얻고자, 불심佛心은 얼마나 많은 시간 그곳을 오르내렸을까. 그 디딤 나무 위에 정갈스럽게 벗어놓은 신발 한 켤레에 경외심마저 들었다. 신발 주인의 격조가 느껴지기도 했다.

민속마을 토담집, 섬돌 위에서 신발 한 켤레가 조용히 기다림을 익히고 있다. 눈꼽재기창이 안과 밖의 소통疏通의 문이라면, 섬돌은 세상과의 가교架橋와 같다. 길

가에 버려진 막돌 하나, 나무 한 그루가 든든한 이음자리가 되듯, 사람들도 누군가의 디딤돌이 되고 이음자리가 되리라.

저 섬돌을 밟고 올라설 주인은 지금 이 시각 세상과 어떤 이음자리를 만들고 있을까. 안과 밖, 세상과 나. 너는 그 누구, 그 무엇의 디딤돌이 되려는가. 눈꼽재기 창 아래 놓인 섬돌이 물어온다.

보리밭 연가

삼거리에서 조촘거리던 발길이 갈림길로 접어들고부터는 사뭇 설렌다. 산등성에서 내려다보는 동리 한가운데, 방금 떠나온 초등학교가 소담스럽다. 가쁜 숨 고르기도 잠시, 그새 아이들은 산 아래로 내닫고, 그 뒤로 산길에 서툰 발길 하나 총총걸음으로 따라붙는다.

연숙이가 사는 사리까지 십리 길. 이제 갓 열 살 된 아이들은 조막만 한 발로, 마치 어느 고산지대 협곡 사이를 넘나드는 원주민처럼 대수롭지 않게 산을 타고 개울을 건넌다. 산 넘어 첫 동네, 동구 밖에서 손 저어 대는 한 친구를 뒤로하고 졸래졸래 들녘을 가로지른다.

진진 초록 더해가는 오월 산야에 댓 명의 아이들이 조잘조잘, 폴짝폴짝 청아한 풍경을 그려놓는다.

따가운 햇볕이 지악스럽게 따라붙건 말건, 청보리가 종주먹질 하건 말건, 가다 쉬기를 반복한다. 땡볕에서 잰걸음이 숲길 삽상한 바람 앞에선 사뭇 늘어진다. 선머슴 같은 연숙이가 들꽃을 꺾어 머리에 꽂아주고 덤불 사이를 헤쳐 가며 열매를 따준다. 한적한 보리밭 가에 책가방 부려두고 연숙이의 시범에 따라 피리를 만든다. 보리피리 입에 문 아이들 십리 길 재촉하고, 여과 없이 내리꽂는 햇볕이 보리누름철을 재촉한다.

굼 깊은 산허리를 지날 즈음, 찔레향이 밀려든다. 백주의 열기에 질펀한 꽃향기, 현기증이 인다. 어디쯤 왔을까. 친구들은 그곳이 어디쯤이라 일러주었지만 짐작할 수 없었다. 얼마나 더 걸었을까, 구불구불 가는 허리 비틀고 늘어진 산길 저 아래 마을이 보이고, 산모롱이 막 돌아선 곳에서 "어여 가 동생들 좀 챙겨라~." 발길을 재촉하는 소리 들려온다.

"치, 맨날 나만 뭐라 그래."

연숙이가 입을 삐죽거리며 한발 앞서 터벅터벅 걷는

다. 동네 어귀에서 반기는 동생들을 뿌리치고 저만치 앞서 간다.

그런데 하필, 그때서야 불현듯, 돌아가야겠다는 생각이 드는 것이었다. 누가 강요한 것은 아니었다. 외가 옆 동네에 사는 짝꿍 연숙이가 쉬는 시간에 외가 얘기를 꺼내지만 않았어도, 수업이 파하고 종례가 늦어지는 다른 반 친구를 기다리다 "같이 갈래?" 말 한마디 건네지만 않았어도, 예까지 따라나서진 않았을 것이다.

그저 매일같이 두세 개의 산을 넘는 친구들의 등하굣길이 궁금하던 차였고, 아주 오래전 엄마 등에 업혀 외가에 다녀오던 아련한 기억이 있었을 뿐이다. 사립문 밖에서 막내딸의 뒷모습을 가물가물하도록 눈 바래기하던 외할머니와 산모롱이에 멈춰선 채 외가 동네를 돌아보던 엄마의 젖은 눈빛이 어린 기억 속에서도 암암하던 터였다.

고샅길 저 건너 보리밭에 정물처럼 들어앉은 여인이 흐릿한 눈물너머로 서럽게 다가왔다. 울먹이는 나를 보며 아이들은 발만 동동대고 연숙이가 "혼자 갈 수 있겠어?" 재차 물었던 것 같고, 대답 대신 고개를 끄덕이곤 정신없이 내달렸을 뿐, 그 먼 길을 어찌 돌아왔는지 기억에 없다.

엄마의 그림자를 찾은 건 목 너머 밭에서였다. 허리춤까지 차오른 보리가 물결 이랑을 만든다. 누웠다 일어섰다, 바람을 타는 무상한 연속의 동작. 그 안에 들어앉은 엄마의 머릿수건이 보일락 말락 숨바꼭질한다. 엄마가 잘 보이는 둔덕에 자리를 잡고 앉는다. 그때야 흙먼지를 뒤집어쓴 맹꽁이운동화가 눈에 들어온다. 잔뜩 풀죽은 연숙이 모습도 떠오른다.

갑자기 피리를 불고 싶었지만 어디에 흘렸는지 보이질 않았다. 연숙이가 일러준 대로 보리피리를 만들어본다. "피~ㄹ" 피리 소리 들은 엄마가 그제야 굽은 허리를 편다.

"아가, 더운데 뭐 하러 왔다냐."

맥없이 늘어져 있던 찔레꽃이 부스스 고개 들고, 꽃향기에 묻어온 목소리, 더없이 달착지근하다. 해 설핀 보리밭에 산바람 내려설 때가 되어서야 몸빼바지 툭툭 털며 "저녁 늦것다." 하며 그새 잰걸음을 내딛는 엄마 뒤를 따라붙는다. 어느새 아슴아슴한 저녁 안개가 채마밭을 켜켜이 뒤덮는다.

긴긴 겨울 끝에 새로 열어젖힌 봄. 유년 시절 떠나온 고향마을, 푸른 들녘이 막연한 그리움을 불러올 때면 근교의 보리밭을 찾곤 한다. 지난해, 도심을 잇는 직선도로가 간간이 찾던 보리밭을 두 동강 냈지만, 반쪽짜리 보리밭에서도 어김없이 보리가 솟아났다. 겨우내 언 땅 아래로부터 솟아오른 새 생명의 기운이 한껏 사나 초록 물결로 출렁인다.

가난과 허기를 달래주던 부모세대의 보릿고개 시절, 검푸른 바람 넘실대던 보리밭의 정서가 나이 들수록 서럽도록 푸른빛으로 다가온다.

"칫, 난 엄마 안 될 거다."

평생 독신을 고수할 것만 같던 연숙이는 아이 셋을 내리 낳고는, 마흔을 채 넘기지 못하고 들녘의 바람이 된 지 오래다.

돌이켜보면, 낯선 길에 대한 막연한 동경이 열 살 호기심을 자극했는지, 연숙이에 대한 그 어떤 믿음이 있어 그 먼 길을 감행했는지 모를 일이나, 생의 한가운데에 선 지금 보리밭길 따복따복 걷던 그때의 기억들이 삶의 페달에서 이따금 나를 자유롭게 한다.

이즈음 들일로 바쁘던 엄마는, 창밖에서 쭈뼛거리는 한줄기 여윈 바람만으로도 들녘 저편으로 걸어가는 날이 잦아진다. 봄볕에 뭉클한 흙냄새가 묻어오는 걸까. 아파트 사이로 옹색하게 보이는 남의 텃밭을 내다보며 하루에도 수십 번씩 유령처럼 고향마을을 떠돌고 있는 나의 노모.

오래 묵혀두어 잡풀로 무성할 밭떼기를 이제 그만 마음에서 내려놓아도 좋으련만. 이즈막이면 되풀이되는 모놀로그, 엄마의 웅얼거림이 다시 시작되었다.

"밭에 보리가 퍼렇것다. 풀이 천지일 텐데….

감빛 총각

매일 해거름이면 뻐꾸기 소리가 집안까지 날아든다. 야산에 인접해 있는 아파트, 까치 소리 외엔 적막감이 일 정도로 조용한 동네다. 어쩌다 외부 행상인이 허락 없이 들어와 막무가내로 질러대는 소음에 사람들은 이맛살을 찌푸리곤 했다. 그 낌새를 알아차린 두부장수가 묘책妙策을 낸 듯싶다.

어김없이 같은 시각이면 뻐꾸기 소리가 들리는 것이다. 그런데 그 소리가 딸랑이 소리보다 시끄럽지 않고, 확성기 소리보다도 친근감이 있어 좋다. 확성기를 통해 들려오는 뻐꾸기 소리가 잡다한 일상의 소음들로부터 정화되기도 하고, 어떤 날엔 그 소리를 좇아 유년의 기억 속으로 날아들곤 한다.

이즈음 친정집 앞, 동산에는 망초 꽃이 만발했다. 동산은 엄마를 기다리는 장소였고 놀이터였다. 학교에서 돌아와 빈집에 혼자 있으려면, 금세 울적해져서 터알머리로, 우물가로 엄마 그림자를 찾아다녔다. 대문 앞에 쭈그리고 앉아 구구단도 외워보고 하나야, 두울, 세엣 숫자놀음도 마냥 길어졌다. 그러다가 아련히 들려오는 뻐꾸기 소리를 들으면, 그 소리만큼이나 엄마도 아득히 먼 곳에 있을 것 같아 울컥해 지곤 했다. 그럴 땐 단숨에 동산에 올라 해 질 녘까지 폴짝거리며 놀았다.

동산에서는 우리 집이 훤히 내려다보이고 엄마가 오시는 길목도 한 눈에 들어왔다. 들꽃을 꺾어 머리에 꽂고 방아깨비를 잡아 방아도 찧는다. 온 동산을 훠이훠이 휘젓고 다니다보면 동산 오른편 골짜기에 맞닿아 있는 종식이네 집까지 이르곤 했다. 그쪽엔 유난히 새벽안개처럼 번져가는 망초 꽃이 여름 늦도록 무성한 꽃그늘을 드리우고 있었다.

동산에서 바라보는 종식이네 집엔 인기척이 거의 없다. 마당의 감나무에 맺힌 열매들은 일찍이 감또개로

우수수 떨어져 버리고 시퍼런 감 몇 개가 달려 있을 뿐이다. 초가을로 접어들면서 감빛이 점점 종식이 낯빛을 닮아간다.

종식이는 엄마와 단둘이 산다. 도시에서 직장에 다니는 누이가 있어 생계를 유지한다는 이야긴 들었지만, 나는 종식이 누나를 본 적 없고, 종식이가 말을 하는 것도 보지 못했다. 종식이는 내 나이 곱절인 서른 즈음이었는데, 벙어리에다가 유치원 연령 수준의 정신지체를 갖고 있다.

그는 수줍음 타는 아이처럼 언제나 제 엄마 한 발치 뒤에 서 있다. 마치 두 사람 사이에 보이지 않는 끈이라도 매어둔 것일까. 일정한 간격을 유지하고 잰걸음으로 엄마 뒤를 쫓는 종식이. 빡빡 깎은 까까머리에 배꼽 위까지 바지를 추어올려 질끈 동여맨 탓에 고무신 위로 맨살이 드러나 보인다. 그 행색이 우습기도 하지만 한편으론 연민으로 다가온다.

가끔 종식이가 혼자 집을 나와 히죽거리며 아랫동네를 배회할 때면, 종식이 엄마는 득달같이 달려와 아들의 손을 낚아채곤 했다. 자기 키보다 한 척이나 작은 엄마한테 모질게 끌려가면서도 토끼처럼 앞니를 드러내고 헤벌쭉 웃는다. 가끔은 철부지 코흘리개들이 따라다니며 바보라 놀려댔지만, 그래도 늘 웃는 낯이라 동네 사람들은 종식이에게 살뜰했다.

그날도 학교에서 돌아와 아무도 없는 빈집을 확인하고 동산에 올랐다. 동산 한가운데 서 있는 소나무 아래 자리를 잡는다. 소나무가 내준 그늘에 누워 콧노래를 흥얼거린다. 노래 부르는 것도 이제 심드렁해졌다. 나무 그림자가 길어지려면 더 기다려야 한다. 엄마 오실 시간이 아직 멀었다.

그런데 누군가 먼발치서 나를 지켜보는 것만 같다. 종식이다. 평소 그의 집에 가려면 동산 아래로 난 풀밭, 그 샛길을 가로질러 가야한다. 그런데 그도 엄마를 기다리며 동산을 누비는 걸까. 그의 한 손엔 들꽃이 한 움큼이다. 그의 유일한 놀이상대이자, 친구인 엄마가 곁에 없다. 어린 나였지만 단출하게 엄마와 단둘이 사는 종식이가 많이 외로울 거란 생각이 들었다. 종식 엄마의 귀가는 우리 엄마보다 더 늦을 거란 생각도 들었다. 그날 따라 종식이랑 따로 또 같이 주변을 맴돌며 놀았다.

석양빛이 동산을 물들이기 시작한다. 엄마가 돌아올 시각이다. 내가 풀밭 사이를 나풀거리며 동산을 다 내려오도록 종식이는 그 주변을 서성이고 있었다. 내가 집에 돌아와 대문 틈새로 동산을 올려다봤을 때, 그의 모습이 더 이상 보이지 않았다.

땅거미 질 무렵, 가장 적막하고 고즈넉해지는 순간이다. 감빛 선구가 하나 둘 주마등 되어 마을 골목길을 밝히는데, 종식이네 집에선 흐릿한 알 전구 하나가 켜져 있을 뿐이었다.

고향을 떠나 도시에 살면서 종식이에 대한 기억은 차츰 지워졌다. 그러다가도 어느 한적한 곳에서 감나무를 볼 때면 종식이 얼굴이 떠오르곤 한다. 싱그레 웃음 짓던 감빛 미소와 달리, 사춘기 때 내 낯빛은 고장 난 전구처럼 오락가락 자주 붉어져 고민이었다. 그런데 이젠 웬만해선 얼굴 붉어지는 일이 없다. 수줍게 얼굴 붉히던 내 낯빛이 누렇게 변해갈수록 주렁주렁 감 열린 시골 마을이 생각난다. 감빛 총각 종식이랑 동산을 누비던 때가 그리워진다.

이제 그곳에는 엄마가 자주 가던 밭도 우물도 없다. 종식이네집 앞마당에 있던 감나무도 흔적 없다. 감나무뿐이던가, 그 감빛 총각마저 내가 고향을 떠나오고 난 후, 도시의 어느 복지시설에 입소하여 몇 해를 지내지 못하고 저세상 사람이 되었다.

그래서일까. 어쩌다 한가로이 맞는 뻐꾸기 소리에 마음이 쉽사리 동요되어 동산을 누비게 된다. 나이 들수록 고향의 동산을 찾는 횟수도 늘게 된다. 그 감빛 총각에 대한 기억이 빛바래갈수록, 나는 누렇게 뜬 얼굴로 도심 속에서 내 유년의 감빛을 마냥 그리워하고 있다.

해찰 부리고 싶어진다

잔디밭에 한 아이가 그림처럼 앉아 있다. 너울너울 토끼풀 더미를 옮겨 다니며 들릴 듯 말 듯 콧노래를 부른다. 봄볕에 이끌려 집을 나선 길, 까치발로 그 곁을 지나 아파트 뒷문으로 향한다. 아랫마을에서 잠깐 일을 보고 산책로를 거슬러 오르도록 아이는 아직 그 자리에 있다. 아이 곁에 두 명의 아이들이 더 모여 앉아 "깔깔, 까르르르~." 웃음보따리 잔디밭에 풀어놓는다. 그들과 떨어진 곳에 자리를 잡고 앉는다. 이 봄날 소녀들의 유희가 내 유년의 기억을 반추하게 한다. 어느새 내 곁에도 꼬맹이 적 친구들이 하나 둘 모여들기 시작한다.

여명이 채 열리지 않은 시각, 한참 잠이 많은 열한 살 꼬맹이가 새벽잠에서 깨어나는 일은 결코 반갑잖은 일이었다. 과외 선생이었던 김 선생이 그리 엄하진 않았는데도 그 꼭두새벽, 꼬맹이와 친구들은 약속장소에 잘도 모여 들었다. 그리고선 잠을 쫓느라 작은 입들을 붕어 입처럼 연신 뻐끔거리며 키 재기를 했다. 어둠 내리면 감히 문 밖에 나설 엄두도 내지 못한 꼬맹이가 그 어둑새벽에 등산을 한다는 건 상상 밖의 일이었다.

교회 부설 유치원 교사였던, 이십 중반의 김 선생은 꼬맹이네 작은방에 세 들어 살고 있었다. 김 선생은 유치원 수업이 파하고 나면, 간간이 뜨개질하거나 책을 읽으며 지냈다. 꼬맹이도 혼자 지내는 시간이 많았다. 무료하게 집안을 뱅뱅거리면서도 밖에 나가 노는 것을 좋아하지 않았다. 책을 읽고 있는 김 선생 곁에서 쭈뼛거리기도 하고 혼자 팔방 놀이를 하다 그도 싫증이 나면 마루에 거꾸로 누워 하득하득 하늘만 쳐다보곤 했다.

그러던 참에 김 선생이 여가에 꼬맹이의 뒤처진 공부를 봐주기로 했다. 거기에 꼬맹이 친구 네 명이 가세

하여 주중에는 골방에 모여 책을 읽고 주말에는 아침 산행을 하기로 한 것이다.

김 선생이 앞장을 서면 그 뒤를 따르는 꼬맹이들은 의기양양 절로 신이 났다. 동네 어귀를 벗어나 으슥한 산길로 접어들 땐, 서로 뒤처지지 않으려 어깨 들이대며 실랑이가 벌어지곤 했다. 김 선생이 들려주는 무서운 이야기가 늘어진 걸음을 재촉해 가파른 길을 쌕쌕거리며 살노 뛰어올랐다.

새벽 산 정상, 꼬맹이들의 함성이 이어진다. 동녘 하늘을 향해 목청껏 메아리를 불렀다. 그러다 먼동이 트기 시작하면 누가 먼저랄 것도 없이 목소리를 가다듬고 조금은 조신하게 합창을 했다.

마음이 답답할 때 저 산에 올라 푸른 하늘 바라보자, 흰 구름 보자, 저 하늘 저 산 아래 그 누가 사나, 나도야 저 산을 넘고 싶구나.

우리의 노래가 저 푸른 하늘, 저 산 너머, 그리고 꼬맹이들 가슴 깊은 곳에 메아리 되어 울려 퍼졌다.

고만고만한 아이들이 모이면 자주 시샘하여 다투기

마련이지만, 꼬맹이들이 함께하는 동안 크게 마음 상한 일은 일어나지 않았다. 오히려 너도나도 시새워가며 교내 합창부와 밴드부를 넘나들며 활동 영역을 넓혀갔다.

그해 늦가을 어느 날, 김 선생은 학교에서 돌아오는 꼬맹이 손을 다짜고짜 그녀의 방으로 잡아끌었다. 며칠 동안 그녀가 뜨개질하던 물건이 완성되어 있었다. 보라색 털실로 무늬를 넣고 초록색 털실로 레이스처럼 장식한 예쁜 치마였다.

꼬맹이는 밖에서 노는 시간이 많아졌다. 동네 아이들에게 자랑이라도 하듯, 김 선생이 만들어준 치마를 입고 고무줄 위를 폴짝거렸다. '어서 커서 어른이 되었으면, 김 선생님 같은 어른이 되었으면….' 소원도 빌었다. 한 번씩 뛰어오를 때마다 키가 자라고 꿈이 커가는 듯했다.

그리고 얼마 지나지 않은 봄 머리, 김 선생이 떠나갔고 한동안 골방에선 울음 빛이 가시질 않았다. 더는 노래 부르는 일이 신명 나지 않았다. 그때 꼬맹이는 이별이란 것을 처음 알았고 잠시 아팠던 기억이 있다. 하지만 꼬맹이와 친구들은 학교생활에 바빠 약속이나 한 듯 김 선생과 함께했던 시간을 기억 속에서 고스란히 내려놓고 있었다.

나이 들수록 어린 날의 기억은 더욱 생생하게 살아나는가. 다섯 꼬맹이가 만들어낸 지난 추억이 고운 꿈결처럼 다가온다. 그때 부르던 화음이 아직도 심연에서 끊이질 않고 애살포오시 가슴 적시곤 한다.

이젠 너 시새울 일 없는 꼬맹이 나이 반백, 요즘 들어 부쩍 흥얼거리는 시간이 많아졌다. 얼마 전에야 꼬맹이 친구 한 명이 김 선생의 행방을 애써 수소문했지만, 시나브로 노년기에 들어섰을 선생의 소식은 아직 감감하다.

꼬맹이 친구들과 멀찍이 만남을 미뤄둔 것도, 행여나 김 선생과 연락이 닿을 수 있지 않을까 해서다. 또 다른 빛깔의 만남, 앞으로 펼쳐질 꼬맹이 친구들의 향연이 자못 기대된다.

오늘처럼 햇살 고운 날엔 누군가와 해찰 부리고 싶어진다. 저 아이들처럼 마냥 그렇게.

아버지의 꽃밭

뻐꾸기 울음 유유한 들녘으로 든다. 아침도 거른 채 마냥 뒹굴고 있는 아이들과 바람도 쏘이고 점심이나 먹을 생각이었다. 근교에 있는 황톳집에서 느긋하게 보리밥을 먹고, 어느 미술가가 꾸며 놓았다는 갤러리를 구경하기로 했다.

내가 갤러리에 전시된 작품 감상에 빠져 있을 때, 아이들은 색다른 작품에 온통 정신이 쏠려 있다. 벽에 걸린 작품과 작품 사이에 있는 자그마한 창문 하나가 새로운 작품을 만들고 있었다. 오월의 들녘이 그려내는 한 장의 풍경화다.

들꽃에 마력이 있는가, 길 가는 나그네의 발길을 불

러들인다. 꽃 주변에서 나풀거리는 것은 비단 나비와 벌만이 아니다. 작고 여린 것이 무릇 생명을 가진 심상心狀을 이렇듯 붙들어 제 주위에서 조촘거리게 한다.

들꽃을 찍어 휴대폰에 저장하고 꽃잎 몇 개는 따서 수첩에 넣는다. 마른 꽃잎을 책갈피에 넣어둔 채 잊고 지내다 어느 때 발견하게 되면, 꽃잎에서 전해지는 느낌이 참 좋았다. 그것을 편지에 동봉하기도 하고 책을 선물할 때 책갈피에 넣어주면 생화 못지않은 잔잔한 감동이 있다.

들녘에서 야산으로 이어지는 자드락길 양옆으로 들꽃이 천지다. 함초롬한 꽃무리, 몽실몽실 피어있는 곳에서 들꽃 몇 송이를 꺾는다. 아이들 것하고 한데 모으니 제법 풍성한 꽃다발이 되었다. 그것을 가져와 화병에 꽂아 놓고 흐뭇하게 바라본다. 평상시 아이들이 꽃을 꺾어 오면 야단하던 나였지만, 오늘은 아이들과 공범이 되었다.

어린 시절, 잰걸음으로 족히 이십여 분을 걸어야 다다르는 곳에 초등학교가 있었다. 길가에는 코스모스, 칸

나, 백일홍이 즐비하고 들꽃들이 곳곳에 피어있어 간혹 혼자 걷는 등하굣길이 지루하지 않았다.

특히 양지바른 곳에 자리 잡은 최씨 문중의 묘는 학교 운동장만큼 너른데다 잔디가 잘 다듬어져 있었다. 학교가 일찍 파하면, 그곳에서 친구들과 시간 가는 줄 모르고 미끄럼을 타고 놀았다. 어느 때 최가네 가족이 득달같이 달려오면, 삼십육계 줄행랑을 놓곤 했는데, 그곳만큼 좋은 놀이터가 없었다. 미끄럼을 타다 삘기를 뽑아 먹기도 하고, 돌담 너머 풀숲에서 이름 모를 들꽃을 헤아리며 놀았다.

나는 탐스러운 꽃무리를 보면 꺾고 싶은 충동을 어지간해선 지울 수가 없었다. 꽃무리 진 곳에서 들꽃 몇 송이로 금세 꽃다발을 만들 수 있었다. 들꽃을 빙빙 돌려 잡고 가장자리에 너른 풀잎으로 감싸면 예쁜 부케가 완성되었다. 행여 시들세라 손수건에 물을 적셔 줄기 끝을 감싸고 기다란 풀잎으로 질끈 동여매면 집에 도착하도록 한시름 걱정을 놓아도 되었다. 그것을 손에 들면, 콧노래가 절로 흘러나오고 발걸음이 겅중겅중 신이 났다.

그런데 막상 집에 다다르면 선뜻 들어서지 못하고 집 안 동정부터 살펴야 했다. 또 꽃을 꺾어왔다고 아버지한테 꾸지람 들을 것이 걱정되었기 때문이다. 그 시절, 아버지의 손길이 많이 가던 우리 집 꽃밭에도 해바라기, 분꽃, 나팔꽃, 채송화 등 여러 가지 꽃들이 올망졸망 자라고 있었는데도 들꽃을 보면 꺾고 싶은 충동을 지우지 못했고 번번이 꽃을 꺾어와 혼이 나기 일쑤였다.

일마 진, 아파트 뒤뜰로 애완견 해리와 산책을 나섰다. 오랜만에 바깥나들이를 하게 된 해리가 풀밭을 쏘다니는 동안, 아파트 담장 아래에서 강아지풀과 여뀌, 이름 모를 들꽃 서너 송이를 꺾었다. 그것을 도자기 화병에 꽂아 식탁 위에 올려두었는데, 아버지는 그걸 보고 물으신다.

"이걸 꽃이라고 꺾어왔냐?"

"예쁘잖아요?"

"허허, 그렇게 이쁘면 화분에 뿌리째 옮겨오지 그랬냐?"

그러던 어느 날, 어느 시인의 시를 접하며 들꽃 한 송이를 대하는 시인의 마음을 읽는다.

나 홀로 숲 속을 걸었지.
그런데 그늘 속에 피어있는 작은 꽃 한 송이 보았지.
…그 꽃을 꺾고 싶었는데 꽃이 애처롭게 말했네.
내가 꺾여서 시들어 버려야 되겠어요?
하여 꽃을 고스란히 뿌리째로 캐어,
예쁜 집 뜨락으로 옮겨왔지.
조용한 자리에 다시 심어 놓으니,
이제 늘상 가지 치고 꽃 피어 시들 줄 모르네.

작은 꽃 한 송이를 온전히 두고 보기를 바라는 시인의 마음, 꽃을 대하는 아버지의 의중을 뒤늦게 헤아린다. 상대방을 온전히 소유하려 들면 그 존재가치를 잃기 쉽듯, 꽃의 생명을 건드리지 않으면서 함께 소유하는 방법을 아버지는 그렇게 알려주는 것이었다.

아버지는 지금도 무장 꽃을 가꾸신다. 꽃밭도 아닌 아파트 베란다에 고작 플라스틱 화분 몇 개 들여 놓고 정성을 들이고 계신다. 어느 해 우리 집에서 옮겨 간 군자란이 터줏대감처럼 무진장 몸집을 불렸고 어디선가 데려온 사랑초와 몇 가지 꽃나무가 전부다.

정성껏 키운 다년생 화초를 형제들에게 나누어주기도 하고 우리 집에서 화초뿌리를 덜어 가기도 한다. 몇 해

전에는 갓 뿌리내린 백합을 우리 형제들에게 몇 뿌리씩 나눠 주어 백합꽃이 집집에서 오래도록 고고한 향을 피워냈다.

백발 성성한 아버지의 화단에는 세월이 가도 바라지 않는 향기가 있다. 화사하게 피었다. 가뭇없이 사라지는 향이 아니라, 두고두고 공유하는 사랑의 향기다. 아버지는 소담스런 그 작은 공간에서 천리향보다 강한 향기를 자식들이 있는 만리타향까지 그음 없이 보내주고 있는 것이다.

5 분재盆栽

분재盆栽 · 미주알고주알 · 그냥 · 별명別名
꼬마 산타 · 힐링 케어healing care

주어진 틀에 따라 살 수밖에 없는 존재, 저 나무도 외형이 중시되는 이 시대의 희생물 같다. 저 나무처럼 속박당하며 정원수처럼 길들여지고 있는 존재가 우리 주변에는 또 얼마나 많을까.

분재盆栽

산세가 진진 초록 옷으로 갈아입는다. 앞산에서 한바탕 우후죽순처럼 푸른 기운이 일면, 창문을 열어 집안으로 그 기운을 한껏 받아들인다. 그러면 꽃나무들도 덩달아 신이 나서 꽃대궁을 밀어 올리기 시작한다. 우리 집 베란다에 몇 포기 화초가 창밖을 향해 서로 키 재기 하듯 목을 빼고 섰다.

그런 중에, 제 잘났다고 턱하니 서 있는 폼생폼사가 있다. 사업하던 지인이 형편이 어려워져 분재를 내다 팔기로 했다며 애지중지 기르던 화분 하나를 선물로 준 것이다. 그것을 보고 있으면 오랜 세월 함께 했을 지인의 수고와 정성이 고스란히 전해온다.

몸통 위로는 이파리 무성하고, 그 아래로 양반다리처럼 다리를 비비 꼬아가며 뿌리 내린 모양이 인삼 형상을 닮았다 하여 '인삼 벤자민'이라 부른다. 금방 말아낸 파마머리인 양 풍성한 잎사귀와 운동으로 단련된 근육질 다리처럼 우람한 모습에서, 어떤 때는 타프롬 사원의 벽을 휘감고 뒤엉켜 있는 스펑spoan나무의 위용이 느껴지기도 한다.

그런 즐거움도 잠시, 한 화분에 뿌리 내린 두 그루 중 한 그루가 언제부터인가 몸살을 앓기 시작했다. 그때부터 물도 흠뻑 주고 자주 들여다보았다. 푸른빛 잃어가는 것이 안쓰러워 그제야 자세히 살펴보는데, 나무의 몸통에 철사가 꽂혀 있는 것이 아닌가. 날카로운 철사의 끝 부분이 몸속 깊이 꽂혀 있고 몸통을 휘감은 철사는 이미 표피 깊숙한 곳까지 파고들었다.

저 나무가 청명한 하늘을 우러를수록 더 완강하게 그 흐름을 제지하는 철사 줄에 동여매여 적어도 십수 년을 그리 지내왔을 터. 저렇듯 수려한 외모로 갖추기까지 맘껏 두 팔 벌리지도, 등을 곧추세우지도 못한 채 몸부림했을 테지만 사람들은 그 모습을 보며 감탄해마지 않았을 터이다.

《고문진보》에는 "대개의 식목 자들은 나무를 지나치게 사랑하고 걱정하여 나무에게 부지런하게 대한다. 아침저녁 시도 때도 없이 어루만지는 것이 사랑인 줄 알며, 심한 자는 나무의 껍질을 손톱으로 긁어서 나무가 살거나, 마른 것을 확인하기도 하고 뿌리를 흔들어서 묻힌 땅이 성긴지 빽빽한지를 보기도 하여 나무의 성질이 점점 여의게 한다."며 그 대상이 사람이건 사물이건 간에 오히려 과도한 관심과 사랑은 결코 이롭지 않다고 한다.

나는 뒤늦게나마 나무의 자유로운 기상을 기대하며 표피를 뚫고 들어간 철삿줄을 끊어 주었다. 그런데도 나무는 점점 심한 몸살을 하다가 이내 말라버렸다. 그리고선 어느 날인가 화분 가까이 내 손끝이 슬쩍 스치자, 가지 끝에 매달려 있던 마른 이파리 몇 개가 바스스 곤두박질한다.

아마도 그 때문이 아니었을까. 말라 죽은 한 그루 나무는 제 안으로 자신을 통제하다 어쩌지 못한 것 같았다. 주어진 틀에 따라 살 수밖에 없는 존재, 저 나무도 외형이 중시되는 이 시대의 희생물 같다. 저 나무처럼 속박당하며 정원수처럼 길들여지고 있는 존재가 우리 주변에는 또 얼마나 많을까.

나란히 쌍벽을 이루던 인삼 벤자민 한 그루의 시들어버린 모습이 보기 흉할뿐더러, 남은 한 그루의 건강 상태도 그리 좋아 보이지 않아 지인의 화원에 잊은 듯 맡겨두었다. 그 인삼 벤자민이 얼마 전에 집에 돌아와 다른 나무들 틈에서 언제 그랬냐 싶게 위용偉容을 자랑하고 섰다.

오전에 사기충전하던 꽃나무들이 우리 집 앞 베란다에서 나른한 기지개를 켜는 시각, 서녘 하늘에 노을이 얼비친다. 뒤쪽 베란다에서 바로 보이는, 노을 깔린 고등학교 운동장에서는 저녁 급식을 마친 학생들이 몰려나와 한바탕 요란스럽다. 오월의 산세에서 느껴지는 푸른 기운보다 더 사기충전하다.

종일 작은 책상에 앉아 꿈틀거리고 싶은 몸뚱이를, 주체할 수 없는 청춘을 저렇듯 발산하고 있다. 팀을 이뤄 운동하고, 끼리끼리 수선스럽게 뛰어다니며 목이 터져라 괴성을 질러댄다. 절제할 수 없는 부르짖음이다. 그 속에서 나는 그들의 건강한 젊음을 본다. 그것을 흐뭇한 시선으로 보듬는다. 학생들의 함성, 진진 초록 옷을 갈아입는 소리, 한결같은 소리다.

그런데 땅거미 진 교정에 수업 시작 알람이 울리기 바쁘게 마이크 확성기 소리가 아직껏 운동장에 남아 있는 학생들의 발길을 쫓는다. 야간 수업에 드는 내 발길도 덩달아 부산스럽다. 복도 창가에서 학생들의 동태를 주시하고 있던 체육 담당 강 선생의 손에 들린 긴 몽둥이가 가히 위압적이다. 좀 전에 기고만장하던 기운이 금세 사라진 운동장에 어둠이 드리우고 있다.

야간 자율학습 1교시가 끝나고, 별관 앞 운동장에 웅성웅성 학생들이 모여든다. 학생들 틈에서 무슨 일인가 싶어 나도 목을 빼고 구경꾼이 된다. 곧 있을 축제연습 중이라 한다. 순식간에 몰려든 학생들이 한바탕 춤사위로 혼을 사른다.

나는 별관 2층 복도에서 학생들 틈에 섞여 그들이 벌이는 한 판 몸놀림을 지켜보고 있다. 저 아래서 밀고 올라오는 열기가 뜨겁다. 학생들의 함성이 밤하늘을 가른다. 무겁게 짓누른 어둠을 가른다. 푸릇한 기운이 오월 하늘 가득 그 기상을 발산하고 있다. 밤하늘을 가르는 학생들의 함성, 푸르른 자연의 소리다.

미주알고주알

봄 머리 어느 날, 도심 아낙들이 부연 먼지 일으키며 초막골로 모여들었다. 집에서 머지않은 나지막한 산허리를 돌아서면 금세 사위 적요한 초막골이 나온다. 한 곳에서 내리 십 년을 살면서도 동네 뒷산 너머에 이런 고즈넉한 곳이 있는 줄 까맣게 몰랐다.

초막골 초입의 농장에는 이미 푸른 기운 완연한데, 지인 몇 명이 의기투합하여 뒤늦게 주말농장을 하기로 했다. 차편이 없으면 왕래가 불편하고 비포장 길을 한참 거슬러 오르는 곳에 농장이 있었다.

오늘은 농장 발대식이 있는 날, 아침부터 초막골이 시끌벅적했다. 변변한 농사 경험도 없는 도시 아낙들이

고무줄 바지를 한껏 추어올리고 거창하게 발대식 운운하며 한바탕 요란부터 떨고 있는 것이었다.

"농사 한 번 지어 볼래?"

열 평가량 되는 땅에 애초 Y언니와 단둘이 농사를 짓기로 했는데, 인심 좋은 언니가 입을 한 번 벙긋거릴 때마다 한 명씩 늘더니, 그 수가 자그마치 열 명에 육박하게 되었다. 당연히 농사지을 땅이 비좁았지만 이미 모여든 회원은 어쩔 수 없는 노릇, 궁여지책으로 농장 바로 옆 풀밭을 뒤엎기로 했다.

해묵은 풀밭에선 커다란 돌멩이가 심심찮게 앵돌아져 나왔다. 오래도록 터를 잡고 세를 늘려가던 잡초를 제거하는 일이 초보 농사꾼들에겐 결코 쉽지 않았다. 여러 해 다져진 옹골진 빈터를 틈틈이 일구어 열댓 평 남짓 되는 땅을 확보, 농장 가장자리 네 곳에 말뚝을 세우고 줄을 단단히 매어 두었다.

얼추 기초공사가 마무리되자, 농장 이름을 걸기로 했다. 회원들에게 몇 개의 이름을 알려주고 의견을 수렴한 결과, 회원 대부분이 '미주알고주알'에 동의했다.

'미주알고주알' 농장 이름 아래에 회원들의 이름까지 빼곡하게 써넣은 푯말을 농장 한가운데 떡하니 세우니, 제법 그럴싸해 보였다.

시작부터 설왕설래였다. 회원이 많아 힘 모으는 일은 수월했지만 의견이 너무 분분했다. 제아무리 살림에는 능한 주부들이라 해도 농사경험이 거의 없어, 어떤 작물을 파종하고 모종할 것인지 우왕좌왕, 시끌벅적했다.

그런 와중에 두어 평 텃밭에서 농사 경험이 있는 Y 언니가 앞장을 서 고추와 가지, 방울토마토는 모종을 하고 상추와 쑥갓, 호박은 씨를 뿌렸다. 우리의 발대식이 지방에도 알려져 H의 친정인 섬진강 변에서 토란을 옮겨왔고, 멀리 제주도에 사는 지인이 신선초 모종을 비행기 편으로 보내주었다. 회원 수만큼이나 농작물의 종류도 가지각색이었다.

싹이 트길 기다리는 동안, 농장 위에 있는 비닐하우스에선 심심찮게 파티가 벌어졌다. '미주알고주알' 회원들은 인근 지역의 여러 문학 단체에 소속된 회원들로 비닐하우스가 곧 문학의 나눔터가 되었다. 농사뿐 아니라, 서로의 속마음까지 속속들이 캐내어 친분을 돈독히 다지고 싶은 바람으로 '미주알고주알'이란 이름에 선뜻 마음을 모으게 된 것이었다.

주말이면 대낮의 열기를 피해 그늘에서 시간을 보내다가 햇살 부드러운 시각이면 밭에 나가 일을 했다. 애써 돌보지 않는데도 비 한 번 뿌리고 나면 삐죽삐죽 잎이 솟고 키가 쑥쑥 자라는 게 신기했다. 한 자리에 빽빽하게 들어선 뿌리를 솎다 보면 산 그림자가 다가오고, 산 능선에서 검은 등 뻐꾸기가 초록 빛깔로 오월 들녘에 울어대면 홀로 빈집을 지키던 어릴 적 추억이 떠올라 한걸음에 아이들이 있는 집으로 돌아오곤 했다.

시나브로 들녘에 일렁이는 초록 물결이 여름을 부르고 있었다. 날이 무더워지면서 회원들이 농장을 찾는 횟수가 점점 뜨막해 갔다. 두어 명씩 돌아가며 농장을 돌아보기로 했는데, 정작 농사에 열심인 회원은 몇 되지 않았다. 한여름 폭염에 도심 아낙들이 맥을 못 추고 비실댈 때, 잡초들이 서서히 농장을 장악할 기세였다.

여름 장마가 비포장 길을 몇 차례 잠식하고, 뒤이어 태풍이 들을 휩쓰는 통에 산자락에 있던 농장은 아수

라장이 되었다. 우리가 그곳을 자주 찾지 않는 사이 농장에 잡초 왕국이 세워졌다. 잔망한 쭉정이들이 얼키설키 넘어져 발 디딜 틈이 없었다. 재미삼아 시작한 농사였지만 내년을 기약한 것도 아니어서, 어느 누가 나서서 무성하게 자란 잡초를 애써 뽑으려 들지 않았다.

내심 농장이 어떻게 변했는지 궁금하던 차에 한날 그곳에 가게 되었다. 농장 풀 더미 속에서 내가 공들여 만든 푯말이 눈에 띄었다. 그것을 보며 나는 그만 피식 웃고 말았다. 인원이 불어날 때부터 미주알고주알의 앞날은 짐짓 예견되는 일이었다. 그것을 넌지시 바라보며 무릇 농사는 아무나 하는 것이 아니라며 고개를 절레절레 저어댈 뿐이었다. 발길이 뚝 끊겨버린 날맹이 산밭에선 검은 등 뻐꾸기 소리가 여름 끝자락의 빈 들녘을 가득 메우고 있었다.

도심 주변에 주말농장이 부쩍 성행이다. 요란을 떨었던 '미주알고주알' 회원들과 달리 농장을 꾸려가는 이들은 대부분 가족단위로, 그중에는 우리처럼 겁 없이 덤벼들었다가 제풀에 꺾이는 사람들도 적잖이 있을 것이다.

농작물이 농사꾼의 땀과 정성으로 자라듯, 글 짓는 일 또한 그와 같을 터. 미주알고주알의 농사는 초여름 농사를 끝으로 별 수확 없이 끝나버렸지만 회원들의 본업인 글 짓는 일만은 이 같은 일이 번복되지 않기를 바랄 뿐이다.

문학 세계에 발 들여 놓은 지 여러 해 되었지만, 아직 어떠한 결실도 보지 못하고 있는 내 처지가 미주알고주알 농장의 결말과 별반 다를 게 없다. 그저 부지런히 갈고 닦다 보면 방법을 터득하고 길을 찾게 되겠지만, 초보 농사꾼이 자연의 깊은 섭리를 미처 헤아리지 못하고 농사를 벌였듯, 어떻게 해야 글을 잘 지을 수 있을지 초보 글쟁이는 바람 부는 삶의 벌판을 바라보며 오늘도 고민하게 된다.

그냥

여러 해 두문불출하고 있는 내 근황이 궁금했는지, 지인이 안부를 물어온다.

"요즘 어찌 지내나, 건강은 어때?"

"그냥…."

언제부턴가 그냥이란 말을 입에 달고 산다.

그냥. 긍정도 부정도 아닌, 그저 그런 내 근황을 대변하기에 적절한 말이다. 어려운 일이 연달아 오면서 그동안 꾸준하게 해오던 문학 활동뿐 아니라, 취미생활까지 모두 접게 되었다. 가까운 친구들에게조차 연락을 끊고, 직장 일에만 전념하는 내게 서운해하는 이들도 적지 않았을 것이다.

그들에게 내 처지를 애써 설명하거나, 변명하기가 구차한 생각이 들 때가 많았다. 내가 그리 잘 지내는 것 같지 않은데 잘 지낸다 말하기는 싫고, 그렇다고 썩 잘 지내지 못한 것만도 아닌 것 같았다. 요즘처럼 사회적, 경제적으로 불안한 때에, 이유는 다를지언정 내 처지보다 못한 사람들을 주변에서 쉽게 볼 수 있기 때문이다. 애매모호한 지금 이 상황을 에둘러 그냥이란, 말 한마디에 담아내는 것이 마냥 편했다.

그 모양 그대로, 변함없이 줄곧. 그냥이란 말의 속뜻이 참 살갑다. 굳이 뒷이야기를 듣지 않더라도, 그냥이란 말 뒤에 함축된 의미가 충분히 교감이 된다.

그냥이란 말이 변함없이 꾸준하다는 긍정의 의미로 쓰이기도 하지만, 무심코 내뱉는 그냥이란 말 한마디가 대화의 단절을 초래하는 무성의한 말이 되기도 한다.

논리적인 설명과 설득이 요구되는 논술 수업 시간에 말끝마다 그냥이란 말을 습관처럼 사용하던 학생들을 수없이 지적하던 때가 있었다. 그런데 정작 중학생이 된 내 아이도 그냥이란 말을 적잖이 사용하고 있다는 걸 어느 순간 알게 되었다.

학교에서 돌아오는 아들의 모습은 늘 기진맥진 지쳐 있었다. 늘어진 어깨에 대롱대롱 가방을 매단 채 대문을 들어설 때면, 왜 그렇게 기운이 없는지, 지병이 심해진 건지, 학교에서 무슨 일이 있었는지, 친구들과 무슨 문제가 생긴 건지, 그 이유를 옴니암니 다 캐묻지 못해 애가 탔다. 그런데 그냥이라는 한마디 말로 일축하고 제 방으로 들어가 버리는 아이 때문에 안날이 날 때가 부지기수였다.

"그런 대답이 어디 있어? 소신 없게."

밖에서 있었던 일을 묻지 않아도 졸졸 따라다니며 재잘대던 아이가 그냥이란 한 마디를 남기고 문을 굳게 닫아버릴 때면, 더 이상의 대화가 불가능했다. 학교생활의 낙오자가 아니라, 생의 낙오자가 되지 않으려 힘겹게 삶을 이어가던 아들의 몸부림을 그냥 지켜보아야만 하는 어미는 냉가슴이었다. 병마로 아이가 받고 있을 스트레스, 그 깊은 속내를 알 수 없어 조급증이 났다.

그냥이라 말하지 않기, 아프면 아프다 하고 힘들면 힘

들다 말하기. 수없이 손가락 걸며 다짐을 받았지만, 아들의 어깨가 처진 날이 잦았고 그럴 때마다, 그냥이라는 한마디 말로 대화를 차단해 버렸다.

기다림이 필요했다. 아들이 기분이 나아지면 방문 틈새로 고개를 삐죽 내밀며 화해를 청해올 거란 걸 잘 알고 있기 때문이다. 어쩌면 아들에게 그냥이란 말은 힘이 부칠 때 에둘러 가기 위한 쉼표와 같을지 모른다.

그런데 요즘 내가 그냥이란 말을 부쩍 사용하게 된다. 대부분은 무심코 내뱉는 그 말이 내 경우엔 다분히 다의적이다.

"그냥, 저냥요…."

복잡 미묘한 심정을 에둘러 대변하기도 하고 적절한 차단막이 되기도 하여 좋다. 굳이 부연설명을 하지 않더라도 충분히 공감이 가능한 관계에 쓸 수 있는 함축적인 말이다. 애매모호한 상황을 적절하게 감싸기도 하고 왈가왈부 따지고 싶지 않을 때, 두루 통용되는 말이다. 그냥, 간결하게 쓰기에 참 좋은 말이다.

누군가 물어온다.

"어때요?"

"그냥 그렇죠. 뭐."

"그럼 됐지, 뭐."

내가 웃고, 그도 따라서 웃는다.

별명別名

장군이 어머니를 만난 것이 다행이었다.

B선배가 권유하던 산악등반 모임에서 그녀를 처음 만났다. 가족이 동반하는 산악모임이었다. 그날 모임은 남자들이 대부분이었는데, 댓 명의 여자들 틈에 사내아이 둘이 동행하였다.

그 중 초등학교 저학년쯤 되어 보이는 사내아이의 어머니, K여사는 산행 내내 그녀의 아들을 '장군將軍'이라 불렀다. 아이의 외모로 보아 우리가 통상적으로 연상하게 되는 장군의 이미지와는 약간의 거리감이 있어 보였다. 적당한 키에 약간 통통한 체격의 아이에게 걸맞지않는 별명이라 생각되었다.

K여사와 나란히 선두에 서게 되었을 때, 뒤처진 일행을 기다리는 동안 장군이라 부르는 이유를 물었다. 장군이는 집안의 2대 독자로 고집불통 외골수인 성격 때문에 어려서부터 부모의 속을 꽤나 끓였다고 한다. 그녀는 그런 아들을 심하게 꾸짖기도 하고 사랑의 매를 심심치 않게 들었던 모양이다. 또한, 마음이 내키는 대로 별명을 지어 부르게 되면서, 아이는 더 비뚤어지더라는 것이었다. 그녀는 궁리 끝에 정의롭고 굳건한 사나이가 되라는 뜻을 담아 '장군'이란 별명을 지었고 장군, 장군 부르게 되면서부터 신기하게도 아이의 언행도 점점 좋아졌다는 것이다.

장군이 모자母子와의 만남을 계기로 내 아들에게도 새로운 별명을 지어주기로 했다. 아들에게 별명을 지어주려는 것은 전적으로 내 희망 사항이다. 아들 역시 내 인내심의 한계를 시험이라도 하듯, 갖은 사고와 말썽으로 마음 졸인 적이 수없이 많았다.

어려서는 그럴 수 있는 일이라 여기던 일들이 학교에 다니면서부터는 문제가 커지고 심각해졌다. 남의 물건을 들고 온다거나 돌발적인 행동을 할 때마다, 아들의 병력病歷을 내세우기에는 한계가 있었다.

사춘기에 접어들면서 아들은 사소한 일에도 예민하게 반항하는 일이 잦았고 내 맞대응 정도도 더해갔다. 나는 아들에게 '걸어 다니는 시한폭탄', '웬수', '떼보' 등 부정적인 감정을 실어 별명을 불렀다. 그럴수록 보란 듯 더 말썽쟁이가 되어갔고, 서로 간의 감정의 골이 깊을 대로 깊어 있었다.

아들의 장래희망은 야구선수, 경찰관이다. 나는 그것들과 연관되는 별명이 무엇이 있을까 곰곰이 생각해 보았다. 마땅히 떠오르는 것이 없었다. 그러다 장난스럽게 '왕자님'이라 한번 불러보았다.

딸아이의 별명은 '공주'였다. 공孔씨 성에다 이름, 주희의 첫 글자를 인용하여 자연스럽게 공주가 되었다. 외모가 곱상하여 별명과 어색하지도 않았다. 그런 공주의 동생이니, 왕자라는 별명이 그다지 억지스럽지 않다는 생각이 들었다.

그 이후, 이따금 왕자님이라 부르며 호칭에 맞게 예우를 하다 보니, 자연 대화에도 격이 생겼다. 어쩌다 아들이 잘못된 언행을 할 때면 "왕자님이 그러시면 되겠사옵니까?" 하면 "아이, 어머니! 왜 그러세요?" 아들도 존댓말로 공손하게 응대해 오는 것이었다. 예전 같으면 콧방귀를 뀌거나 묵묵부답으로 일관하던 아들이 머리를 긁적이며 겸연쩍어했다. 그러다 불쑥, 엄마 별명은 뭐냐 묻는다.

내게도 예전에 별명이 세 개나 있었다.

학창시절에는 웃는 모습이 해맑다 하여 '천사'라 불렀다. 조용한 성격에 곧잘 웃는 모습이 보기 좋다며 학교 선생님께서 지어준 별명이다. 학교를 졸업하고 사회생활을 하면서 얻게 된 별명은 '손오공'이다. 손오공이 나와 무슨 상관이 있겠나 싶었는데, 별명을 지어 준 동료의 해석이 일품이었다. '손 댈 수 없는 오리지널 공주', 절로 웃음 머금게 하는 별명이다. 또 다른 별명 하나는 직장 선배가 붙여준 '진국'이란 별명이다. 가까이 지내던 직장선배가 갑자기 암 선고를 받게 되면서 그녀를 잠시 돕게 되었다. 그녀뿐 아니라, 내 손길이 필요하다고 생각되는 곳에 사소한 도움을 주었을 뿐인데, 내게 진국이란 과분한 별명이 따라붙게 된 것이다.

그 별명들에서 내 모습을 반추하게 된다. 한때 천사

라 부를 당시만 하여도 그 나이에 맑고 순수하지 않을 이 없을 것이나, 지금 내 모습은 고운 미소 사라진 자리엔 세상 번뇌 다 끌어안은 듯 수심이 가득하다. 좀처럼 긴장을 놓지 않는 생활도 예나 지금이나 별반 다를 것 없는 듯싶다.

손오공이라 불리던 별명은 저 스스로 쌓은 견고한 성을 벗어나지 못한 채, 지금도 주위 사람들과 심하게 낯을 가리고 쉽게 어울리질 못한다. 천사와 진국이란 별명 모두 오래도록 불리지 못하고 한때의 별명으로 그치고 말았다. 그렇다면 지금의 내게 어울리는 별명은 무얼까, 그 어떤 단어로 나를 대변할 수 있을까. 아이로 인해 화두話頭 하나를 안게 되었다.

성인이 되어 주어진 별명은 단순한 호칭에 국한되지 않을 것이다. 별명別名이란, 그 사람의 성격과 취미, 특징적인 외모와 성향까지 한 사람의 보편적 삶의 함축어일 것이다.

내게 어울리는 별명을 두고 고민에 쌓인다. 짧은 고민으로 그칠 일이 아닌 듯싶다. 지금 딱히 나를 대변할 별명을 찾을 수 없다면, 나 스스로 내게 붙여주고 싶은 별명을 두고두고 지어가야겠다.

살아온 만큼의 세월이 지난 이다음, 세상 어딘가에 소박한 묘비 하나 세울 수 있다면. 거기 새기고 싶은 별명 그 한 단어, 내지는 한 줄의 문장을 위해 지금부터라도 열심히 삶을 일궈보는 것도 좋겠다.

※'왕자'라 부르던 아이가 갑자기 세상을 떠나고 한 줌 재로 뿌려진 그곳에 자그마한 비석 하나 세워두었다. 그곳에 그동안 수없이 부르던 '떼보', '웬수', '걸어 다니는 시한폭탄'이란 별명 대신 '천사'라 새겨주었다.

꼬마 산타

성탄 전날. 여느 때처럼 가족들과 파티를 하기로 했다. 케이크와 간단한 다과를 준비해 놓고 아들이 제 방에서 나오기를 기다리고 있다. 잠시 후, 등 뒤에 선물꾸러미를 감추고 사뿐사뿐 걸어오는 아들의 얼굴에 생그레 미소가 번진다.

"다들 눈 감으세용~."

애교 섞인 콧소리에 남편과 나, 큰아이가 얼른 눈을 감는다. 그새 세 사람 앞에 선물 꾸러미가 하나씩 놓여 있다.

"엄망~. 나 돈 오천 원만 빌려주세요."

아들은 용돈을 그냥 달라고 한 적이 한 번도 없다. 더군다나 며칠 전에 용돈을 주어 아직 여유가 있을 텐데 또 빌려달란다. 빌려 간 돈을 갚지 않으면서도 매번 금방 갚을 것처럼 빌려 달라는 청을 거절할 수가 없게 만든다. 그 사용처를 익히 짐작하고 있었지만 애써 모르는 척 해주었다. 아들이 산타할아버지에 대한 환상에서 벗어날 즈음부터 가족이 서로 선물을 주고받으며 성탄절을 보내고 있다.

아들의 선물 탐색전은 성탄절 며칠 전부터 시작되었다. 넥타이 가격이 얼마 하느냐, 아빠 상의는 보통 얼마면 살 수 있느냐는 등 질문이 줄을 이었다. 제 용돈으론 턱없이 비싼 선물 때문에 고민하는 아들에게 선물은 크기와 값보다도 마음이 중요한 것이라고 이야기해 주었지만 제 딴에 생각한 게 있었던 모양이다.

아들은 태권도 학원에서 돌아온 뒤, 쇼핑센터에 잠깐 다녀오겠다며 외출했다. 그리고 사방이 깜깜해지도록 돌아오지 않았다. 내가 걱정되어 아파트 정문에서 한참을 기다리고 있을 때, 저 멀리 롤러블레이드를 타고 오르막길을 오르는 아들의 모습이 보였다. 선물을 애써 등 뒤로 숨기면서도 얼굴에 넘쳐나는 미소는 어찌하지 못했다. 이번엔 아들의 고민이 어디까지 닿았을지 궁금했다.

"누나는 고등학생이니까 연습장하고 미니 형광펜세트 샀고, 엄마는 화장품 덜어 쓰시라고 휴대용 케이스하고 미용 팩 두 개, 아빠는 등산 자주 다니시니까 등산 장갑 안에 끼시라고 얇은 털장갑을 골랐어요."

"근데 돈이 부족해서 아줌마보고 깎아달라고 그랬어요."

"선물 맘에 들어용?"

이만하면, 제가 가지고 있던 용돈에다 내게서 빌린 오천 원으로 세 사람 몫의 선물을 알차게 준비했다. 아들의 안목에 모두 놀라워하는데, 겸연쩍은 모습으로 선물을 사오기까지 이야기를 늘어놓는다.

적은 액수로 세 사람 몫을 준비하려니 적잖이 어려웠던가 보다. 사위는 어두워지는데, 가게 세 곳을 둘러보도록 아빠의 선물을 고르지 못해 애태우는 꼬마손님의 사정을 듣고, 후덕한 여사장님이 인정을 베푼 듯싶다.

"꼬마 산타 고마워."

남편이 아들을 꼭 껴안는다. 자상한 성격이야 부전자전이라지만, 아들의 눈썰미가 무덤덤한 제 누이보다 월등 앞서고 어떨 땐 남편보다 살가울 때가 많다.

"엄마가 우울하면 나도 쓸쓸해지니깐 엄마, 웃는 얼굴 해요. 넹?"

표정을 보고 그 사람의 속내를 읽어낼 수 있다는 것은 상호 간에 충분한 교감과 공감이 있어야 가능한 일이다. 초등학교 삼학년인 아이가 또래 아이들과 비교할 수 없을 만큼 섬세함으로, 내 걱정거리를 읽어내고 또 위로를 해주곤 했다.

아들이 준 선물을 만지작거리고 있을 때, 아들이 손짓으로 선물상자 안을 가리킨다. 그곳에 편지 한 장이 놓여 있다.

"세상에서 가장 사랑하는 어머니, 난 어머니가 제일 좋아요. 건강하세요…."

학습장애가 있는 아들은 이제껏 편지 한 장 제대로 쓰지 못했다. 오자 없이 또박또박 써 내려간 편지, 코

끝이 찡하다.

일상생활에 어려움이 컸던 아이, 자라면서 무척이나 힘들게 했지만 마음만은 한없이 다사롭고 곰살갑다.

"우리 집, 꼬마 산타님, 사랑해."

아들에게 사랑의 하트를 날린다.

아이들에게 꿈과 희망을 주기 위해 크리스마스가 되면 세상의 모든 부모는 산타를 자임하고 나서는데, 우리 집에는 어른 산타와 꼬마 산타가 공존한다. 온 대지에 평화의 종소리가 넘치는 이천사 년의 성탄 전야, 우리 집 꼬마산타가 그려 놓는 사랑의 물결로 온 가족이 행복하다.

"꼬마 산타, 메리 크리스마스~."

힐링 케어healing care

어떤 이가 베레모를 쓴 내 모습을 물끄러미 쳐다보더니, 화가 같다고 한다. 어떤 이는 단정한 차림에서 선생님의 모습을 읽어내고, 또 어떤 이는 내게서 예술가 분위기가 풍긴다고 한다. 어려서부터 그림 그리는 소질이 있어 몇 차례 상을 받은 경력이 있고, 한 때 학교에서 학생들을 가르친 적도 있고, 문학공부를 십 년 넘도록 하다 보니 은연중 내 외형에서 그러한 분위기가 전해졌나 보다.

그런데 내게 전생이 있다면, 아마도 난 음악가가 아니었나 생각될 때가 있다. 음악을 듣다보면, 전주前奏 몇 음을 듣고서 곡의 제목을 연상하게 되고, 곡을 따라 부르고 있는 자신에게 놀랄 때가 많다. 음악을 즐겨 듣다 보면 불가능한 일은 아니겠으나, 단순히 즐기는 그 이상으로 음악이 내 삶 깊숙이 영향을 주고 있는 것이 사실이다.

내게 음악이 없는 생활은 무미건조하다. 음악을 통하여 내 안의 희로애락의 감정을 조절하고, 음악에서 얻는 충족감이 문학 못지않게 크기 때문이다. 그보다도 내가 유독 음악가에게 호감이 많고 지나온 인연 중에 음악을 하는 이들이 많은 것도 특이한 일이다.

사춘기 때, 팝송을 멋들어지게 부르던 동성 친구와 각별한 우정을 쌓던 때가 있었고 동갑내기 첫사랑도 음악에 조예가 깊었다. 그 친구를 알게 되면서 클래식 기타와 피아노를 배우는 계기가 되기도 하였다. 두 번째 사랑은 가수 못지않은 실력으로 엘비스 프레슬리 노래를 곧잘 불렀다. 음악적 재능이 다분한 그는 단지 키가 작다는 것을 제외하면 무척 매력 있는 친구였다. 어른이 되어서도 음악과 관련된 곳에서 봉사활동을 하고 취미활동을 줄곧 하게 되는 것도 이와 무관하지 않은 것 같다.

음악은 인간의 언어를 뛰어넘는다. 음악이 주는 정서적 효과는 자못 큰 것 같다. 흐릿한 어느 봄날, 지방에 사는 가까운 동생이 <내가 만일>이란 노래를, 직접 피아노 반주를 쳐가며 전화기 너머로 불러 준 적 있다. '내가 만일 하늘이라면, 그대 얼굴에 물들고 싶어. 붉게 물든 저녁노을처럼 나 그대 위해 물들고 싶어… 내가 만일 시인이라면 그대 위해 노래를 하겠어… 세상에 그 무엇이라도 그대 위해 되고 싶어….' 고운 노랫말이 고즈넉이 여운으로 남았다. 이렇듯 음악이 시간과 거리를 초월하여 상호교감하게 하고, 사람들의 관계를 긴밀하게 한다.

내게 있어 음악은 삶의 활력소다. 아침에 눈을 뜨면 라디오부터 켠다. 집에서 시작된 클래식 FM이 자가용으로, 직장으로 이어져 시간 대부분을 음악과 함께 한다 해도 과언이 아니다. 가족이 모이는 저녁시각이나, 텔레비전 앞에서 뒹굴 거리는 주말 하루쯤 라디오를 끌 뿐, 가족들이 집을 비울 때도 라디오를 켜둔다.

큰아이가 중학생 때, 강아지를 한 마리 키우게 되었다. 그런데 가족이 외출한 사이 종종 불편한 심기를 집안 곳곳에 드러내곤 했다. 그즈음부터 우리 집 강아지, 해리를 위해 음악을 종일 켜 두었다. 내가 음악을 들으며 마음의 풍요를 느끼듯, 해리 또한 음악으로 빈집의 공허를 채울 수 있지 않을까 하는 마음에서였다. 하지만 해리가 우리와 함께 십삼 년을 살다 떠난 이후로도, 나는 빈집에 음악을 켜두어야만 안심이 되는 이상한 버릇이 생겼다.

좋은 음악은 정서적 안정과 두뇌발달에 긍정적으로 작용하는 '브레인 푸드'다. 특히 청각은 가장 일찍 발달하는 감각으로 태아 때부터 가장 예민하게 반응하는 기관이다. 평소 말하는 것보다 듣는 것을 좋아하는 내 성향은 일찍부터 청각기관을 더 예민하게 만들었는지 모른다.

음악이 내 삶 깊숙한 곳에서 긴밀하게 작용하듯, 음악치료 요법이 삶의 다양한 측면에서 주목받고 있다. 모차르트 음악 효과는 음악이 사고력을 향상시켜준다고 실험으로 입증된 바 있다. 모차르트의 음악을 들으면 뇌의 활동을 촉진하여 지능 향상에 도움을 준다. 또한 바로크 음악은 규칙적 리듬과 박자가 알파파 생성을 도와 집중력을 높여 주기 때문에 태교 음악으로 호응을 얻고 있다.

내가 워낙 음악을 좋아하다 보니, 큰아이에게 어렸을 때부터 음악을 자주 들려주려 했다. 제대로 앉지 못하는 아이를 등받이 의자에 앉혀 헤드폰을 씌워 두면, 아이는 음악을 듣다 잠이 들곤 했다. 그런데 아이의 차분한 성격이 음악의 영향인 것 같으면서도, 한편으로 다양한 곡을 들려주지 못한 것이 못내 아쉽기도 하였다.

내게 멜로디가 주는 안정은 심신을 다잡는 데 매우 유익한 요소다. 음악을 들으면 도파민이 뇌를 자극하여 심리적으로 안정되고 행복감을 느끼게 해준다.

내 삶에 있어 음악은 잡다한 불협화음과 소소한 소란을 잠재워주는 지기知己와 같은 존재며, 하루를 유순하게 갈마무리 하는 힐링 케어healing care이다. 모처럼 한가한 오후, 모차르트 피아노 협주곡을 듣고 있다. 혼자 있는 공간이 가득 찬 듯, 평안하다.

6 만지금滿地金

민들레 씨앗에 날개가 있다.
바람 한 점 없는 날에도 나풀나풀 나는 것이 있는가 하면,
바다를 비상하는 갈매기처럼 들녘을 선회하다 먼 곳으로
사라져버리기도 한다.

만지금滿地金

봄기운이 감도는 계절이면 눈길이 자주 먼 산에 머문다. 화사한 봄꽃들이 길 가는 이의 시선을 사로잡아 발길을 오래도록 붙들어두기도 한다. 누리에 충만한 생명력이 하늘에 닿을 기세인데, 후미진 곳에서도 자생력을 잃지 않는 꽃들이 있다.

그 중 양지바른 곳에서 자라는 민들레는, 땅 위에 납작 엎드린 채 깃털모양의 잎 사이로 꽃받침 대를 곧추 세우고 있다. 그 모습이 마치 성화聖火 봉송하는 선수 같다. 빛깔 또한 강렬하여 꽃을 보고 있으면 절로 희망이 솟는다. 들녘을 노란빛으로 물들이고 있다 하여 '만지금滿地金'이라 부르기도 한다.

민들레는 키가 너무 작아서 보는 이로 하여금 낙화의 아쉬움을 느낄 겨를조차 주지 않는다. 여린 잎과 뿌리 모두 약용으로 쓰이고, 그 맛은 고채苦菜라 불릴 정도로 매우 쓰다. 강한 색채만큼이나 성장 과정도 깔끔하다. 꽃대가 올라오기까지는 봄풀 사이에서 그 실체가 눈에 잘 띄지 않는다. 그러다가 꽃을 피우기 시작하면, 여기저기 연록의 틈을 비집고 들녘을 밝히는 불빛처럼 군림한다.

대부분의 봄꽃이 '화무십일홍花無十日紅'의 속설을 지키려는 듯 속절없이 지고 말지만, 민들레는 아주 이색적이다. 꽃 보기가 지루하다 싶을 즈음이면, 씨앗들이 한데 어울려 흰 깃털을 세우기 시작한다. 이때 씨앗이 만들어낸 원 모양 안에 작은 우주를 담은 듯한 모습은 신비롭기까지 하다.

길을 가다 민들레 씨앗을 보면, 그냥 지나치질 못했다. 그것을 어디론가 날려 주고픈 충동이 일었다. 씨앗 흩날리는 것이 흥미로워 입으로 힘껏 불거나, 손가락 끝으로 슬쩍 튕겨보기도 했다.

민들레 씨앗에 날개가 있다. 바람 한 점 없는 날에도

나풀나풀 나는 것이 있는가 하면, 바다 위를 비상하는 갈매기처럼 들녘을 선회하다 먼 곳으로 사라져버리기도 한다. 그런 민들레를 보고 있으면, 생각나는 사람이 있다.

그녀와 나는 직장동료로, 다른 부서에서 업무상 가끔 만났다. 그녀는 매사에 진취적이었고 여장부다운 기개가 넘쳤다. 일 처리도 잘해 일급 관리자로 인정받던 터였다. 총기 있는 그녀의 눈빛이 내 마음을 사로잡곤 했는데, 그녀를 지켜보는 것만으로도 절로 힘이 솟는 듯했다.

그러던 중 그녀가 깊은 병에 걸렸다는 사실을 알게 되었다. 항암치료가 시작되고 그 후유증으로 고통 중에 있으면서도 그녀는 매사 긍정적이었다. 그때 그녀는 병원치료와 함께 민간요법으로 민들레즙을 내어 먹고 있었다.

어느 날엔 함께 민들레를 캐러 갔다. 막상 그것이 약이라 여기고 찾아 나서니 들판 곳곳에 널려있던 민들레가 눈에 잘 띄지 않았다. 어쩌다 듬성듬성 들어앉은 꽃무리는 주차하기 어려운 도로변에 있거나, 채취하기 어려운 장소에 있어 난감했다.

민들레를 찾아 근교 사찰에까지 이르게 되었는데 그곳에는 민들레가 지천이었다. 우리는 탐스럽게 들어앉은 민들레를 정신없이 파헤치기 시작했다. 잔뿌리 하나라도 놓칠세라 호미질에 정성을 실었다.

반가운 마음도 잠시였다. 언제부터 지켜보고 있었는지 노스님 한 분이 "사찰 안의 하찮은 생물 하나라도 건드리지 마라."는 엄포를 놓는 것이었다. 우리는 노송 아래에 앉아 서운한 마음을 달래고 있었다. 그 노송 아래 납작 붙어 있는 토종 민들레 무리를 보니 아쉬움이 더했다. 야박한 스님이 원망스럽기도 했다.

그런데 그곳에서 내려오는 길에 다행스럽게 은인을 만났다. 젊은 선학스님 한 분이 도움을 주겠다며 주소를 물어왔다. 노스님께 꾸지람 듣는 우리를 지켜봤던 모양이다. 그 후, 그 젊은 스님은 민들레를 캐어 그늘에 말린 뒤 소포로 부쳐주었다.

그러기를 몇 해, 항암치료를 마친 그녀는 지금 민들레 생명력만큼 강한 의지로 삶을 일구어가고 있다.

민들레 씨앗이 어둡고 척박한 곳에서 뿌리내리듯, 웃

음을 잃은 사람들에게 미소를 되찾아주는, '웃음 전도사'로 활동하고 있다. 민들레처럼 피어난 그녀의 홀로서기 뒤엔 젊은 스님의 인정이 있었다. 그 스님도 아마 지금쯤 어려움에 처한 중생들을 제도濟度하고 있으리란 생각이 든다.

이 봄, 나는 길을 가다 문득문득 민들레 곁에 쭈그려 앉는다. 그때마다 어려움에 처한 사람들이 민들레처럼 강인한 삶을 살아가기를 맘속으로 기원한다.

온 들녘을 노랗게 물들이는 민들레의 또 다른 이름, 만지금滿地金. 들녘에는 어느새 희망의 빛이 퍼져가고 있다.

밧줄

빽빽이 들어선 빌딩 숲 속을 검푸른 바람이 휘감아 돈다. 갑자기 찾아온 한파를 피해, 원색의 조명이 새어나오는 찻집으로 들어섰다. 약속시각을 지키려면 삼십여 분을 더 기다려야 했다. 평일 오후의 찻집이 한적하여 시간을 보내기에 적격이었다.

햇볕이 잘 드는 창가에 자리를 잡고 앉는다. 조금 전까지 길거리에 있던 사람들이 그 새 흔적 없다. 텅 빈 거리가 유령도시처럼 음산하다. 에움길이 없는 도심. 그래서 빌딩 숲에선 더 매섭고 더 차가운 바람이 부는지 모른다.

이런 날, 맞은편 고층건물에서 인부 한 명이 밧줄에

몸을 실은 채 유리창에 글자를 새기고 있다. '태극우—', 날씨 때문인지 인부의 손놀림이 꽤나 더디다. 건물 옥상에 묶인 밧줄 하나에 그의 생명이 달려있다. 강풍이 불어올수록 밧줄에 힘이 실린다. 그가 마치 빈 도시를 지키는 파수꾼 같다. 건물 아래에서 일어나는 일에는 아랑곳하지 않고 글자가 붙여질 자리 잡기에 여념이 없다. 그를 보며, 잊히지 않는 기억 하나가 떠오른다.

어렸을 적, 집에서 좀 떨어진 곳에 큰 우물이 하나 있었다. 그 우물이 언제 생겼는지 알 수 없었지만 어지간해서 마르지 않던 샘물이 바닥을 살짝 드러낼 때면, 아찔한 현기증이 일 만큼 깊이를 가늠하기 어려웠다. 우리 집에도 작은 우물이 있었지만, 친척의 소유인 그 우물 맛을 따를 수 없었다. 우리뿐 아니라, 이웃들이 그 물을 먹고 있었는데 가뭄 들 때가 걱정이었다.

하루는 물을 길러 갔던 어머니가 물동이를 내려놓으며 한숨을 지으셨다. 우물의 덮개를 물속으로 빠트렸다는 것이었다. 아버지는 하던 일을 미루고 황급히 겉옷을 걸치셨다. 어머니와 나도 소리 없이 그 뒤를 따라나섰다.

아버지는 밧줄에 몸을 의지하고 그 깊고 어두운 우물 속으로 들어가셨다. 어머니와 나는 떨리는 손으로 밧줄을 붙들고, 이끼 낀 돌 틈새를 더듬는 아버지의 발끝만 애타게 바라보았다. 아버지가 무사하기를 바라는 어머니와 나의 간절한 마음이, 아버지의 자존심과 뒤엉켜 밧줄을 더욱 팽팽하게 만들고 있었다.

드디어 우물 덮개가 밖으로 내던져지고, 아버지는 상기된 표정으로 땀에 젖은 겉옷을 내려놓았다. 어머니는 비로소 긴 한숨을 몰아내셨고, 멎을 것 같은 내 심장이 뛰기 시작했다. 이십여 년이 지난 지금도 그때를 생각하면 가슴이 들렁들렁하다. 그날의 긴장이 얼마나 컸던지 이따금 꿈으로 이어지기도 했다.

건너편 건물에서 인부는 아직 작업 중이다. 한겨울 혹한에 밧줄을 붙든 인부의 손이 떨리는 듯하다. 창가에 쏟아지는 햇살을 모아 그가 있는 곳으로 돌려주고 싶다.

이 궂은 날 위험을 감수하며 밧줄을 타야 할 절박한 상황이 그에게도 있을지 모른다는 생각이 든다. 빌딩 벽에 글자판을 짜고 있는 인부는 밧줄 한 가닥에 목숨을 맡기고 있다.

그런데 삶이란 보이지 않는 고리에 의해 이어지는 것 같다. 나이가 들수록 내게 삶의 무게가 실린다는 것을 실감한다. 정상의 아이들보다 더딘 성장으로 애를 태우던 아들이, 초등학교에 입학한 것은 천만다행이었다. 하지만 학년이 올라갈수록 발달장애와 학습장애 등의 문제가 나타나기 시작했다. 그것도 모자라 아들은 근육이완증이란 불치병까지 앓고 있었다. 설령 아들이 병을 이겨 내고 어른으로 성장한다 하여도, 정상적인 생활은 장담할 수 없는 상황이다.

앞으로 아들에게 일어나는 모든 일은 어미인 내가 평생 안고 가야 할 숙제라는 사실을 차츰 인정하게 된다. 아들과 나는 하나의 밧줄에 매달려 있다. 나도 저 인부처럼, 내 아버지처럼, 더 질기고 단단한 밧줄에 몸을 실어야 할지 모른다.

검푸른 바람이 나를 휘감고 돈다. 내가 드리운 줄에 매달린 몸이 성치 않은 아들의 무게가 육중하게 실려 온다. 바람이 거세질수록 밧줄을 잡은 손에 힘을 준다.

나비, 날다

나비 한 마리 날아오른다.

하얀 나비 한 마리, 주방에서 꽃나무 즐비한 앞 베란다로 안방 테라스 화단으로, 긴 동선을 그리며 날아간다. 때마침, 라디오에서 흘러나오는 빠른 피아노 연주가 맑고 투명한 수정금 연주로 바뀐다. 마치 숙련된 연출가의 각본처럼, 종일 켜놓는 클래식 FM에서 흘러나오는 선율과 나비의 움직임이 절묘한 조화를 이룬다. 왈츠를 추듯 경쾌한 날갯짓. 음표 하나가 오선지 위에서 리듬을 만들 듯, 고즈넉한 봄날에 쉴 새 없는 나비의 춤사위가 선명한 영상을 그려내고 있다.

아랫마을 장에서 과일 몇 개와 푸성귀를 사서 돌아

오는 길이었다. 열린 하늘 가득 내리쏟는 햇살이 개울가 산책로의 봄꽃을 도도하게 일으켜 세우고 있었다. 길섶에 모닥모닥 피어 있는 들꽃을 보다가, 몇 송이를 꺾어 비닐봉지 안의 푸성귀 옆에 살짝 넣어 두었다. 그곳에 얼떨결에 나비가 들어앉은 모양인데, 까만 봉지 흔들흔들 그네 태우며 오는 동안 들꽃 줄기 붙들고 가슴 꽤나 졸였을 것이다.

비닐봉지를 열자, 놀란 나비가 황급히 날아올랐다. 엉겁결에 가까이 있는 테니스라켓을 들고 까치발로 몇 발자국을 따르다가 그냥 지켜보기로 했다. 이른 봄에 흰나비가 집에 날아들면 우환이 생긴다는 속설이 있다지만, 저 나비는 풀밭에서 천방지축 노닐다 꽃향기에 묻어온 것일 뿐이다.

앞 베란다에서 배회하던 나비가 산책로가 훤히 내려다보이는 유리창 가에 이르러 안절부절못한다. 창문 너머 산책로는 나비가 그리는 세상. 좁은 공간에서 애태우는 날갯짓이 안쓰러워 서둘러 밖으로 보내주기로 한다. 열어 놓은 창문 새로 들어오는 바람의 감촉을 알아챘는지, 나비가 빠른 속도로 선회하다가 훨훨, 날아오른다.

탐의 근황을 다시 전해 들은 것은, 소식이 끊긴 지 두 해 남짓 지나서였다. 그녀 나름 한국 사회에 적응하느라 경황없었을 터였지만, 나 역시 직장을 옮겨 바삐 지내다 보니 그녀를 잠시 잊고 있었다.

몇 해 전 사십 중반의 노총각 K선배가 새색시 탐을 데리고 모임장소에 나타났다. 순박한 선배의 이미지와 암팡져 보이는 신부의 모습이 무척 대조적이었다. 선배는 사람이 좋다 못해, 모임 막바지에 불려 나가 술값을 내는 어수룩한 면까지 적잖이 있었다. 그런 연유에서였을까, 몇 번 모임에 동반하던 탐이 어느 때부터인가 참석을 꺼렸다.

주위에서 빈번하게 보아온 다문화가정의 불협화음이 그녀에게도 예외는 아니었다. K선배의 목돈이 들어간 작은 아파트에서 시숙 내외와 신접살이를 시작했지만, 손윗동서와의 불화로 끝내 분가를 하게 되었다.

그즈음, 이주노동자 지원단체인 '아시아의 창'이 사무실을 이전하여 나는 그곳에서 잠시 잡무를 돕는 중이었다. 최소한의 인권마저 보장받지 못하는 이주노동자들의 실상을 접하게 되면서 동남아 친구들에게 관심이 많은 때였다. 우리 사회가 이방인에 대해 배타적 성향이 강하다는 것은, 이주노동자 '찬드라 구릉'의 이야기가 여실히 말해 준다. 생김새가 다르다는 이유로, 변방의 언어를 사용한다는 이유로 차별대우를 받는다는 이주노동자들의 하소연이 마음을 암암하게 했다.

한국에 온 지 여러 날이 지났지만, K선배가 없으면 문밖출입조차 하지 못하는 탐을 위해 정부지원 단체에서 한국어수업을 받을 수 있도록 조치해주었다. 내 딸아이와 동갑인 어린 신부 탐. 그런 이유로 탐에 대한 내 보살핌은 각별했다. 하지만 인근 도시로 거처를 옮기고, 둘째를 가졌다는 연락 이후, 소식을 알 수 없던 터였다.

삶의 무게가 무거울수록 더 가벼운 날갯짓을 꿈꾸는가. 스물다섯, 탐의 날갯짓이 드디어 시작되었다. 의사소통이 원활하지 않은 곳에 드리운 크고 작은 장벽. 언어와 문화의 간극을 극복하기 위해 지금까지 겪어왔고, 또 앞으로 부딪혀야 할 난관을 짐작하면서도 한창 품어야 할 젖먹이 아이마저 품에서 내려놓아야 했나 보다. 젖먹이 둘째 아이는 베트남 친정 부모한테 보내고 큰아이는 보육시설에 맡기기로 했다고 한다.

나비가 날아오른다.

알에서 번데기로, 나비로 탈바꿈하는 과정에서 극한의 고통을 견뎌야 하는 나비의 일생. 네 번의 허물을 벗는나는 남방제비나비는 올해 함평 나비축제의 주인공이다. 날개의 힘이 세어 열악한 환경에 굴하지 않는 강인한 생존력, 남방제비나비가 다부진 탐의 이미지와 닮았다.

미미한 존재의 부단한 몸짓, 그 변신의 끝은 비상이다. 어디 나비뿐이랴, 작은 시골 마을 깊숙한 곳까지 찾아든 이국의 어린 신부들은 오늘도 비상을 꿈꾼다. 다문화가정 인구가 백만 명을 훨씬 넘어선 우리 사회 곳곳에서, 겨울나기를 하고 있는 나비들의 염원은 소박하다.

희망을 꿈꾸는 나비떼가 긴 동면에서 깨어나고 있다. 나약한 듯 어기찬 날갯짓, 이 봄에도 때를 기다려온 절실한 날갯짓이 한창이다. 훨훨, 사월의 빛줄기를 향한 나비의 날개에 힘이 실린다.

등걸손

아파트단지와 상가 밀집지역을 이어주는 구름다리 위에선 자주 숨바꼭질이 되풀이된다. 근교에서 농사를 짓는 이들이 단속반의 감시를 피해 노점상을 하고 있기 때문이다. 그렇지만 어쩌다 단속반원이 나타나도 노점상들은 별다른 저항 없이 주섬주섬 보따리를 챙겨 자리를 뜨는 것으로 사태가 마무리될 뿐, 그들 사이에서는 어떤 실랑이도 일어나지 않는다.

그런데 언제부터인가 구름다리 한쪽 구석에 낯선 노파의 모습이 보이기 시작했다. 차가운 바람이 옷깃을 파고드는데, 왜소한 몸집의 노파가 자울자울 졸고 있다. 몸을 한껏 웅크린 노파 앞에는 채소 몇 무더기가 잔망한 바람에 몸을 사리고 있다. 노파가 한가롭게 졸고 있는 사이 전철역에서 쏟아져 나온 인파가 중심가로, 또 아파트 단지로 순식간에 사라지고 구름다리 위엔 서늘한 기운이 감돈다.

집에서 편히 쉬는 것이 돈 버는 것이라며 성치 않은 몸을 걱정하는 노파의 딸이 어디선가 불쑥 나타날 것만 같다. 자식의 신신당부는 건성이고 돈이 될 성싶은 것을 싸들고 집을 나섰다가, 마을 밖에 어스름 내릴 즈음 서둘러 돌아가는 노파. 집에 있으면 무료하다며 몸을 아끼지 않는 노모, 낯설지 않은 우리네 어머니의 모습이다.

노파의 집은 근교의 시골 마을이라고 한다. 터알머리에서 정성껏 재배한 상추와 고추는 이제 수확이 막바지이고, 단감도 홍시도 아닌 감들이 주렁주렁 매달린 감나무 가지를 꺾어다 팔기로 했단다. 어쩌다 손자가 찾아오면 쌈짓돈을 줄 요량으로 날만 새면 억척병이 도지는 것은 어찌할 수 없는 노릇이란다.

"내가 약 안 하고 농사지은 거라우."

노파는 채소를 가리켰다. 내 시선이 감나무 가지에

머무는 것을 눈치채고서야, 집에 걸어두면 한참 볼 수 있을 거라며 만지작거린다. 마치 귀여운 손자의 볼을 쓰다듬듯, 살살 어루만지는 노파의 얼굴에 설핏 미소가 일렁인다.

나는 일보러 가는 길이었음에도 무심코 감 한 무더기를 샀다. 내 손에 들린 감나무 가지를 물끄러미 바라본다. 가지 끝에 땡감이 꽃처럼 피었다.

"고마우이."

노파는 천 원짜리 지폐를 한 장씩 바닥에 놓아가며 거스름돈을 확인한다. 꾸깃꾸깃한 지폐가 노파의 손에서 서걱거리며 흘러내린다. 좀처럼 잔돈이 헤아려지지 않는지 몇 번이고 세어보는 노파의 손이 마치 나뭇등걸 같다. 노파의 등걸손, 감나무…. 불현듯 그곳, 가을 갑사의 감나무가 섬광처럼 떠오른다.

갑사를 찾을 때면, 일주문을 지나 대웅전으로 향하는 큰길을 마다하고 당간지주가 있는 한적한 산책로를 걷곤 한다. 오솔길을 한참 오르다 보면 당간지주가 계룡산 빈숲을 호령하듯 서 있고, 대나무 숲을 지나는 계단

오르막에 대적전이 있다. 옛 대웅전 터였던 그 작은 절집 한쪽에는 한 자리에서 난 두 그루의 감나무가 하늘 향해 가지를 한껏 드리우고 있다. 몇 해 전, 감나무를 처음 본 순간, 난 그 어떤 말도 할 수 없었다.

땅에 맞닿은 밑둥치에서부터 구멍이 뻥 뚫린 채 거죽만으로 버티고 서 있던 감나무. 마치 큰 풍랑이 이는 깊은 바닷가, 깊고 음습한 동굴처럼 움푹 패여 있는 높이가 내 키에 육박했다. 무심코 툭! 건드리면 그 자리에 한 줌 재로 스러질 것만 같은 불안감마저 이는데, 그 몸으로 가지 끝에 제법 많은 감을 매달고 있었다. 그 모습이 내겐 충격이고 경이롭기까지 했다. 볼수록 오목 가슴이 시렸다. 절로 탄식하게 했다. 무어라 형언할 수 없는 희비가 교차하기도 했다.

제 몸뚱이 닳도록 열매를 드리우는 힘의 근원은 무엇일까. 그 모습을 하고도 동심처럼 붉은 웃음을 짓고 있던 감나무가 예사롭지 않아 사진기에 여러 장 담아 왔다. 그리고 가끔 그것을 꺼내어 보곤 했다. 감나무를 처음 본 그해 가을 이후, 이즈음만 되면 그 나무가 건재할지 궁금증이 일곤 했다. 그러던 중, 구름다리 위에서 노점상을 하는 노파를 보며 문득 갑사의 감나무와 닮았다는 생각이 들었다.

며칠 뒤, 가을 뒷자락에 서둘러 갑사를 찾았다. 태연하게 단풍잎 몇 개를 주워 수첩에 넣고 헌칠한 당간지주를 올려다보는 여유를 부려보지만 대나무 숲 돌계단을 오르면서부터 가슴이 두근거리기 시작했다.

다행히 감나무는 건재했다. 하지만 시기적으로 늦게 온 때문일까, 나무 우듬지에 남아 있는 감의 수가 지난해의 반에도 못 미친다. 나는 지난가을 감나무와 함께 했던 자리에 선다. 곧 허물어질 듯 어디 마땅히 손 둘 곳 없는 감나무의 몸통을 조심스럽게 안는다.

그런데 텅 비어있는 감나무 저 움푹한 곳에서 가느다란 노랫가락이 들린다. 들릴 듯 말 듯, 아련하게 들려오는 소리. 모진 세월을 넘는 숭고한 사랑의 노래다.

또 그렇게 비껴갈 수 없는 몇 번의 폭설과 풍상이 지나고 나면, 저 가지 끝에선 언제 그랬나 싶게 새로운 생명이 몽실몽실 피어날 것이다. 내년에도, 또 그 후년에도 감나무 그 등걸손에선 빨간 열매가 탐스럽게 열

려 있을 것이다. 빈 가슴 가득한 노모의 사랑을 살라 먹고

바람꽃

어둑새벽에 첫눈 같지 않은 도둑눈이 설핏 내렸다. 눈 내리는 것을 보지 못해 첫눈으로 인정할 수 없다는 이들이 많은 걸 보면, 누구나 첫눈에 대한 기대와 설렘은 자못 큰가 보다. 그런데 첫눈 소식이 있은지 며칠 지나지 않은 날부터, 폭설이 지루하게 계속되었다.

강추위가 주춤한 주말. 모처럼 여린 햇볕으로도 움츠렸던 몸이 풀리는 듯하다. 만년설에 덮인 도시처럼 인적이 뜸했던 거리엔 금세 활기가 넘친다. 쉬는 날, 한번 들르겠다던 친구가 때마침 찾아와 얘기를 나누는 중이었다.

펑! 바깥에서 폭발음이 들려온다. 친구가 토끼눈이 되어 나를 바라본다. 설마 하는 마음으로 주방 창문 밖 동정을 살핀다. 내게는 이미 익숙한 소리다. 대수롭지 않게 자리로 돌아와 다시 찻잔을 드는데, 친구는 유리창에 코를 박고 아직 그곳에 서 있다.

"어디?"

"길 건너, 학교 버스 정류장 그 옆…."

친구가 숨은그림찾기 하듯 찾아낸 곳에 뻥튀기 할아버지가 있다. 한참 뒤 잊을 만할 때, 다시 폭발음이 들렸다.

전철역까지 친구를 배웅하러 나섰다가 건너편 도로를 따라 거슬러 오른다. 산자락 아래에 있는 비닐하우스 화원을 따라 앞서 간 이의 발자국이 눈 위에 길을 내어놓았다. 그 도로 한편에서 들어앉을 자리만큼의 눈을 치우고 장사를 하는 뻥튀기 할아버지, 그 곁에 할머니도 보인다. 도톰한 점퍼에 노란 고깔모자를 커플룩처럼 눌러쓴 채 마주 앉은 노부부. 날이 풀렸다고 하나 아직 한겨울이다. 하얀 입김이 허공으로 뿜어지기 바쁘게 가뭇없이 사라진다.

노부부는 애초 우리 아파트에서 조금 떨어진 도로변에서 장사하고 있었다. 널빤지에 뻥튀기 과자 몇 봉지 늘어놓고, 있는 듯 없는 듯 드러나지 않을 만큼 변변치 않은 장사였다.

맞은편 청계산자락에 아파트가 들어서면서 할머니는 본래 있던 자리에서, 할아버지는 할머니가 시야에 들어오는 건너편에 새로운 자리를 잡았다. 아파트 맞은편이라 하지만, 주민 대부분이 교통 편리한 후문을 이용하고 있어 사람들의 시선을 사로잡기엔 이래저래 역부족인 곳이다.

내가 출근하는 시각이면, 뻥튀기 할아버지가 어김없이 등장한다. 달달 거리는 경운기에 할머니를 태우고 의기양양 인덕원 고개에 그 모습을 나타낸다. 지난봄 이후, 은행나무 한 뼘 그늘에서 한여름 폭염을 무던히 견뎌내면서도 어지간해선 쉬지 않던 장사를 혹한으로 며칠 쉬고 있어 그 사연이 궁금하던 차였다. 어느 때 넉살 좋은 아주머니가 넌지시 그 까닭을 물었던가 본데, 할아버지는 "놀면 뭐해?" 하고 일축해버렸다. 그런 무뚝뚝한 할아버지를 두고 이웃의 몇몇 여학생들이 차도남이란 별명을 붙여주었다나.

내가 막 뻥튀기 가게를 지나쳐 오는데 느닷없이 폭발음이 귀청을 때린다. 놀라서 뒤돌아본다. 마치 할아버지가 자신의 별명을 입증이라도 하듯 너무 천연스런 표정이다. 평소 할아버지는 내가 시방 뻥을 칠건데 놀라지 마시란 한 마디 예고가 없다. 여느 뻥튀기 장수들처럼 목성이 아니면 호루라기도 좋겠고, 그도 아니라면 전자 멜로디 음이라도 좋으련만 그 어떤 경고도 않는다. 놀란 사람에게 핀잔을 들어도 꿈쩍 않는 배짱이라니.

반가운 손님이 찾아오건 말건, 누가 뭐라 하건 말건 묵묵히 일에만 열중할 뿐이다. 종일 지나는 차량을 멀뚱멀뚱 바라보다 굼뜬 동작으로 불을 지피고 뜸을 들이다 사정없이 뻥튀기 기계의 뚜껑을 열어젖힌다. "펑~!" 참다 참다 터지는 폭발음이 후련하기까지 하다.

오후 들어 희끗희끗 눈발이 날리기 시작한다. 바람이 잦아들어 수직으로 내려앉는 눈송이. 어느새 천지에 하얀 융단이 드리우기 시작한다. 서재 창가에서 바라보는 정면, 눈 쌓인 도로에 나란히 앉은 고깔모자 두 개가 호젓하다.

어느 겨울 산에 초연히 피어있던 바람꽃.

잔설이 채 녹지 않은 겨울 끝머리, 언 땅 비집고 꽃망울 터트린 너도바람꽃의 생명력. 무엇이 하얀 꽃 몇 송이로 하여금 산비탈에 그리 꿋꿋하게 서게 했을까. 설풍 속에 서 있던 그 가느다란 떨림이 다시금 전해오는 듯하다.

청계산자락으로 이어지는 눈밭 가장자리에 피어난 바람꽃을 본다. 바람결 소리 없이 흐르는 들녘을 묵묵히 지키고 선 너도바람꽃을 본다.

"임자, 많이 춥제?"

등에 쌓인 눈을 툭툭 털어주는 손길.

"아녀요, 당신이 있응께 괜찮혀요."

서로 토닥이는 모습이 여간 곰살갑지 않다. 바람꽃 두 송이 오롯이 피어있는 눈 내리는 날의 풍경이다.

어느 겨울 산에 초연히 피어있던 바람꽃.

잔설이 채 녹지 않은 겨울 끝머리, 언 땅 비집고 꽃망울 터트린 너도바람꽃의 생명력. 무엇이 하얀 꽃 몇 송이로 하여금 산비탈에 그리 꿋꿋하게 서게 했을까. 설풍 속에 서 있던 그 가느다란 떨림이 다시금 전해오는 듯하다.

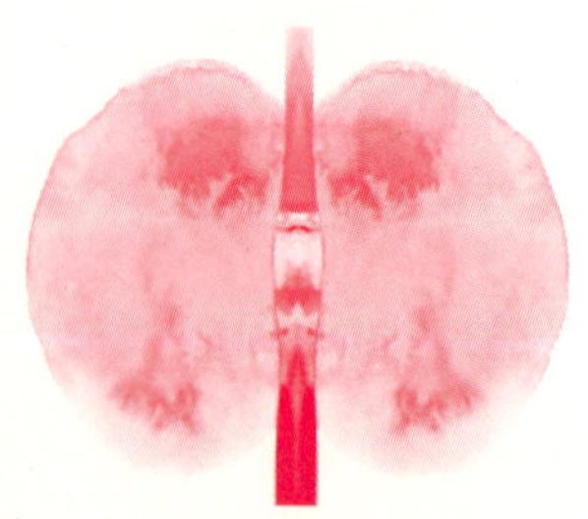

보안당保安堂이 있던 자리

오랜만에 도서관을 찾았다. 도심 외곽에 있는 이곳은, 사방으로 전원을 감상할 수 있어 내가 즐겨 찾는 곳이다. 여느 때처럼 열람실 창가에 자리를 잡고 주변을 둘러본다. 초겨울부터 이곳 주변에도 개발이 시작되었다. 텃밭을 끼고 있던 소담스런 집 한 채 서 있던 곳에 아파트 신축 현장임을 알리는 공고문이 걸리고, 이젠 공사가 한창이다.

나는 도서관 창가에서, 건너편 연립주택 옥상에 있는 한 남자와 함께 그 광경을 보고 있다. 내 시선이 자신에게 꽂힌 줄도 모르고 한겨울, 후줄근한 운동복 차림에 줄담배를 피우고 있는 남자. 그가 혹시 '보안당保安

堂' 젊은 남자가 아닐까 하여 자꾸 그쪽으로 마음이 쏠린다.

몇 해 전, 중요한 시험을 앞두고 시내에 있는 독서실을 찾게 되었다. 사무실 총무가 출근하기를 기다리는 동안, 휴게실에서 차를 마시며 시간을 보내곤 했다. 부근에서 제일 부지런한 꽃집 주인이 가게 밖에 쌓아두었던 물건을 정리해 갈 즈음, 보안당 젊은 남자가 모습을 나타냈다. 짧은 스포츠머리에 흰색 와이셔츠의 어깨선에서 흘러내린 주름이 검은 바지에까지 곧추선 것을 보면 그가 단정한 성격이라는 것을 짐작할 수 있었다.

그는 매일 아침, 스토커처럼 쫓는 내 시선을 의식하지 못한 채 겅중겅중 내 앞을 지나가곤 했다. 그리고 너덧 평 되는 가게 문을 열어 환기를 시키는 동안 도로변에 나와 담배를 피웠다. 그가 눈도장이라도 찍듯 주변 건물을 훑기 시작하는데, 가만히 보면 그의 시선은 지나가는 자동차의 눈높이를 벗어나지 못하는 것 같다. 그러다 보니 맞은편 이 층에서 내가 오랫동안 그를 지켜보고 있다는 사실을 전혀 눈치채지 못했다.

이곳은 특이한 구조로 상가가 밀집해 있다. 산자락 아

래로 대단위 아파트 단지가 들어서 있고 그 중심에 거대한 상권이 조성되어 있다. 점포 수가 천여 개에 달할 정도로 대단위 규모다. 특히 이곳에 있는 대형마트 한 곳은 전국 매출의 선두에 들 정도다. 주말이면 사람들의 행렬이 줄지어 장사진을 치는데, 대형마트는 그 많은 인파를 입 큰 개구리처럼 날름거리며 받아들인다.

겨울잠은 고사하고 연중무휴인 중심상가에선 현란한 불빛과 노랫소리가 길거리까지 나와 호객행위를 한다. 이곳에는 입 크고 목청 좋은 개구리가 많다. 아침이 열리기 무섭게 예제서 제 잘났다고 법석이다. 십여 년 전만 해도 논밭이었던 이곳에서 목청 돋우지 못하는 개구리는 언젠가는 도태되고 마는 적자생존의 현장이 된 셈이다.

부근만 해도 안경원만 줄잡아 세 곳이 있는데 시설이나 규모 면에서 보안당은 동네 구멍가게 격이다. 어둑한 조명과 낡은 시설은 밤이 되어도 초라함을 감추지 못한다. 그래서인지 적어도 내가 지켜본 수년 동안, 그의 가게에 제대로 손님이 드는 것을 본 적이 없다. 그런데도 보안당 젊은 남자는 그 낡고 좁은 가게를 충직하게 지키고 있었다.

계절이 바뀌고 독서실 정기권을 다시 끊었다. 그를 그만 보고 싶어도 내가 휴게실에서 차를 마실 때마다, 그는 늘 가게 앞에 나와 담배를 피우곤 했다. 시도 때도 없이 피워내는 담배 연기가 실성한 사람의 중얼거림처럼 공중으로 산발했다. 특히 해 질 녘에 허공을 향해 직격포를 쏘아댈 때면, 보기가 민망스러워 얼른 자리로 들어가 버리곤 했다. 타들어 가는 것이 어디 담배뿐이랴.

다시 겨울. 중심상가 주변을 일제 정비한다는 현수막이 걸리고 차량통제와 함께 대대적으로 공사가 시작되었다. 공사가 길어지다 보니 상인들이 중심상가 광장에 모여들었다. 겨울 혹한에도 상업을 방해한다며 해당 관청을 향해 목소리를 높였다. 그러건 말건 도통 그 남자는 관심이 없어 보였다.

도심의 상가들은 새롭게 변모해 가는데 골동품가게를 방불케 하는 보안당 그 남자는 도대체 무슨 생각을 하는 걸까. 며칠이 멀다고 신장개업을 하는 가게들과 갖은 장사수단을 내세워 많은 단골을 확보하려고 한 치의

양보 없이 생존경쟁이 치열한 이곳에서, 낡고 비좁은 가게를 고수하는 그 남자의 의지가 자못 궁금하기만 했다.

상가주변 도로공사가 마무리되어가던 어느 날, 우연히 꽃집에 들렀는데 가게 옆을 확장한 것이 눈에 띄었다. 그때까지만 해도 별다른 생각은 들지 않았다. 그런데 꽃집을 나와 차에 오르는 순간 뇌리를 스치는 것이 있었다. 승용차를 놀려 그가 담배를 피우던 가게 앞 도로를 지나보는데 보안당이 흔적 없이 사라지고 없었다.

그동안 그를 지켜보는 것이 고역이었다. 그런데 오랫동안 제자리를 고수하던 그가 사라지자 그의 안위가 궁금해지는 것이었다. 집집마다 실업자가 늘어나는 요즘의 현실이 남의 일 같지 않은 까닭이었다.

아직 한겨울, 나는 단지 보안당 그 젊은 남자가 긴 동면에 들지 않기만을 바랄 뿐이다.

7 표류漂流

표류漂流

꿈을 살 수만 있다면

이별離別의 서書

청산에서 느리게 걷던 걸음마저 멈추고 느릿느릿 일상의
리듬을 조율하면, 수천 년 전부터 떠밀려오는 파도와
떠돌던 바람을 온 몸으로 맞을 수 있을 것이다. 돌아보면
삶의 한 자리일 뿐인 바다 한가운데 외딴 섬에서의 표류,
차라리 나는 고독한 표류漂流를 즐기고 싶다.

표류漂流

남해의 작은 섬, 청산도로 향하는 길이다. 배가 출항하자, 선실 출입구에 있던 사람들이 갑판 위로 나가고, 구릿빛 얼굴을 한 몇몇 사람이 묵직한 짐 보따리를 베개 삼아 기대어 눕는다. 바람을 쐬자며 내 손을 잡아끌던 그이도 밖으로 나가고 벽에 기댄 채 잠시 눈을 붙인다. 이른 시각에 집을 나선 때문인지 피로감이 몰려왔다.

파도를 가르며 나아가는 여객선의 요란한 기계음 탓에 두통까지 이는데, 어디선가 바스락대는 소리가 비위를 거스른다. 실눈을 뜨고 그 소리를 쫓는다. 맞은편에 있는 남자가 몸을 꾸부정하게 숙이고 한 손으로 가방

안을 휘젓더니, 급기야는 그 안의 짐들을 하나씩 꺼내기 시작한다. 보아하니 외팔이다. 한쪽 팔에 의지한 채 굼뜬 동작으로 커다란 가방 속의 짐들을 바닥에 널브러 놓으면서도 너무나 태연해 보이는 남자가 내 기억 속의 늘보아저씨를 불러낸다.

궂은 날에도 불구하고 깡마른 체격의 사내가 아파트 단지에 나타나 고작 제 신발 길이도 넘지 못한 보폭으로 걸음을 내니넜다. 서 있는 듯 움직이면서도 솜처럼 진전없는 그 모습을 지켜보는 이의 속이 다 탈 지경인데, 서둘래야 서두를 수도 없지만 애써 서두르지 않고 매일같이 그 걸음으로 전철역을 향하곤 했다. 잘 나가던 사업이 부도나면서 그 충격 때문이었는지 건강마저 잃었으나, 다시 일어나 걸음마를 시작한 늘보아저씨. 언젠가 약속시각에 쫓겨 허겁지겁 전철역으로 향하던 나는, 역사驛舍 엘리베이터 앞에서 늘보아저씨와 마주쳤다. 내 모습을 지켜보고 있던 그가, 물음을 던져왔다.

"왜 그리 뛰어다니쇼?"

왜 그리 뛰어다녀야 했던가. 늘보아저씨가 던진 그

물음이 새삼스럽게 파장이 되어 다가온다. 내 모습을 떠올리며 기운을 얻는다는 한 후배의 말이 대변하듯 질주하는 삶이었다. 불치병뿐만 아니라, 감당하기 버거운 문제가 많았던 아이를 위해 나는 늘 바삐 살아야 했다. 예전 같으면 습관처럼 저 섬 사이를 가로질러 망망대해를 달렸을 테지만, 나는 지금 무기력하게 바다 한가운데 떠 있다.

창밖으로 간간이 섬이 스쳐 지난다. 휴대폰을 꺼내 시간을 확인한다. 지금쯤 청산항이 어슴푸레 시야에 들어올 시각이다. 바깥 경치가 궁금해졌다. 내가 목을 길게 빼고 두리번거리자, 마주 앉은 사내가 힐끗 내 행색을 살핀다. 혼자 선실에 남아 머뭇거리고 있는 것이 의아하다는 눈치다.

뒤늦게 선실을 나선다. 해풍이 텃새라도 부리듯, 앞을 가로막고 선다. 위층으로 가기 위해 계단을 오르는데 거센 바람에 잠시 멈춰 주춤하는 그때, 내 시선을 사로잡는 것이 있다. 배 후미後尾, 후미진 곳에 백상여白喪輿가 덩그러니 놓여 있다.

아직 미완의 집에 하얀 꽃송이가 달려 있다. 바람 때

문일까. 백색의 꽃 무더기가 몸부림한다. 그 처연한 몸짓에 절로 몸이 떨린다. 어른이 들어가기엔 비좁아 보이는 상여. 부모 앞서 비명에 간 이가 있음인가. 저 상여를 타고 떠날 이의 사연이 자못 궁금해진다.

상여를 싣고서 차마 서두를 수 없어서일까. 배가 제 속도를 내지 못하고 제자리를 맴도는 것 같다. 마치 어떤 의식이라도 행하는 것 같다. 상여와 배, 너울거리며 어디론가 떠나가는 것들이다. 표류할 수밖에 없는 것들이다. 문득 나도 바다 한가운데에서 표류하고 싶다는 생각이 들었다.

성치 않은 몸으로 힘든 삶을 용케도 견뎌내던 아이가 그 질긴 인연을 끊고 갑작스레 떠나버렸다. 팔당댐 주변, 한적한 도로변에 차를 세우고 물 따라 산기슭을 걷다가 눈도장을 찍은 곳이 아이의 무덤이 되었다.

야트막한 야산, 임자 있는 남의 땅에 한 줌 가루로 남은 자식의 유해를 뿌리면서 행여 누가 볼세라, 누가 들을세라 발소리, 숨소리를 낮춰야 했다. 흔적도 없이 떠나보내라는 늙은 부모의 당부를 되뇌며 부지불식간에 서둘러 이별식을 치렀다. 아이는 그렇게 열다섯 해를 살다가 흙이 되고 바람이 되어 사라져갔다. 열여섯 해 전에 먼저 떠난 제 누이가 잠들어 있는 곳, 바로 그 곁에서.

아이가 그렇게 떠나고 일찍 찾아온 이별이 불설어워질 때마다 시퍼런 멍이 들도록 가슴을 쥐어 패야 했다. 둘째의 분신이라 여기던 아이를 잃은 상실감은 나의 전부를 잃은 듯했고 세상은 온통 낯선 빛으로 변해 있었다. 꿈이었으면 했다. 잠깐잠깐 꿈을 꾸다 정신이 들면 남편이 퀭한 모습으로 쭈그리고 앉아 걱정스럽게 나를 바라보고 있었다.

"바람 쐬러 갈까?"

"어디…."

"당신 좋아하는 바다…."

그이가 여행을 제안해 왔다. 가방을 꾸리다 언제부터 마음에 두고 있던 청산도가 불현듯 생각났고 메마른 나날에서 도망치듯 남은 가족이 뭍을 떠나 먼바다로 떠나온 것이다.

그런 사연을 안고 오른 여행길에서 우연히 백상여를 보게 되었다. 꽃 피고 지는 일이 어제오늘이 아니듯, 나고 죽는 일이 인력으로 될까마는 지금 솔직한 내 심정은 저 상여를 타고 떠날 망자가 부럽기만 하다. 저곳 청산에서 저 상여를 타고 떠날 이 그 누구인가. 한 세상에 태어나 다 살아보지 못한 삶은 그나 내 아이나 매 한가지련만….

산과 바다가 푸르러 청산이라는 청산도가 먼발치에 아스라하다. 여객선이 남은 속력을 다해 달린다. 속히 청산도에 들고 싶다. 시간이 멈추어 있을 것 같은 저곳, 느림보 마을slow city에서 호젓한 돌담길을, 수풀 우거진 오솔길을, 너울너울 타들어 가는 노을을 눈물 나도록 바라보고 싶다.

해변에 앉아 밤새도록 밀려가고 밀려오는 파도소리를 듣고 싶다. 잘바닥거리는 수면 위에 배를 띄우고 시간도 상념도 다 부려두고, 바람 부는 대로 물결치는 대로 부대끼며 흘러다니고 싶다. 그러다 보면 그곳에서 늘보 아저씨의 물음에 대한 답을 얻을 수 있을지도 모른다.

청산에서 느리게 걷던 걸음마저 멈추고 느릿느릿 일상의 리듬을 조율하면, 수천 년 전부터 떠밀려오는 파도와 떠돌던 바람을 온몸으로 맞을 수 있을 것이다. 돌아보면 삶의 한 자리일 뿐인 바다 한가운데 외딴 섬에서의 표류, 차라리 나는 고독한 표류漂流를 즐기고 싶다.

꿈을 살 수만 있다면

눈을 뜨고 싶지 않았다. 좀 전의 상황이 꿈이었다는 걸 의식하는 순간, 정신없이 꿈을 조합組合하기 시작했다. 놓칠세라, 조각난 꿈의 편린片鱗 하나까지 여퉈두었다. 꿈같지 않은 꿈, 너무 선명하고, 너무 생생했다.

십오 년 만의 재회였다. 우리가 살던 한강 변의 아파트에서, 내가 무릎 꿇고 간절히 기도 올리던 그 형상 그대로 기도하고 있는 둘째아이, 수산나를 본 것이다.

낮은 탁자에 기도서와 성가집이 놓여 있고, 좌우로 촛대가 두 개. 촛대 옆, 기다란 화병에는 진달래꽃이 두어 송이씩 꽂혀 있었다. 촛불이 방안에 은은한데 진

달래꽃이 어찌나 곱던지, 그 황홀한 분위기에 매료되어 넋을 놓고 바라보고 있었다. 그때 두 손 모으고 기도하던 수산나가 살며시 뒤를 돌아보는 것이었다.

순간, 온화하던 실내가 광휘로 가득하고 진달래 꽃송이가 원무를 추며 방안을 맴돌기 시작했다. 온통 방안이 꽃분홍 천국이었다. 오묘한 분위기, 나를 보고 미소짓던 아이…. 온몸에 전율이 일었다. 잠이 깨어서도 그 여운이 쉽사리 가시지 않았다.

출근 준비를 하던 그이가 침대 끝에 넋이 나간 채 앉아 있는 나를 걱정스럽게 쳐다보았다.

"간밤에 수산나 꿈을 꾸었어. 그런데 날 보며 웃음짓던 미소가 그리 고울 수 없었어. 생각할수록 황홀하도록 기분이 좋아."

그이한테 간밤의 꿈 얘기를 했다.

"그래? 그럼, 그 꿈 나한테 팔아."

그이가 지갑에서 만 원짜리 지폐를 건네며 흥정을 해왔다. 나는 그이의 손을 뿌리쳤다. 꿈을 팔고 싶지 않았다.

삼국유사의 <매몽설화>는 장차 일어날 일을 미래 예

지未來豫知의 형태로 꿈을 통해 예시하고 있다. 김유신의 누이동생 문희는 언니, 보희의 꿈을 사게 되는데 훗날 신라 태종 대왕, 김춘추의 비妃가 되었다.

'매몽買夢'은 꿈을 사고팔며 일어나는 일이다. 사람마다 꿈꾸는 능력에는 차이가 있기 마련인데, 정신활동이 활발한 사람은 자신뿐만 아니라, 주변인물의 일까지 꿈으로 예지해낸다. 정작 온 나라에 오줌이 흘러넘치는 꿈을 꾼 보희는 비단 치마를 수고 그 꿈을 산 동생 문희의 꿈을 대신 꾸어준 셈이 되었다.

현실에서 매몽의 절차를 거쳤다 해도 꿈의 주인은 따로 있다. 내가 그이한테 그 꿈을 팔아도 무의미한 일이었겠지만, 그리하고 싶지 않았다. 수산나와 실로 오랜만의 해후, 가슴 벅찬 순간을 가슴에 고이 간직하고 싶을 따름이었다.

세 번째 생일을 앞두고 세상을 뜬 수산나는 꿈에서조차 성치 않은 모습을 종종 보여 주곤 했다. 분당 새집에서의 재회를 마지막으로 유수와 같은 세월이 시나브로 흘렀다.

바로 십오 년 전, 축성식 하던 그날의 꿈 또한 얼마나 또렷했던가. 분당 신도시에 입주하게 되어, 본당 신부님이 구역의 가가호호를 방문하며 축성식祝聖式을 해주던 날이었다. 한동네 신자들이 함께 입주를 축하하고, 집안의 평안을 기도해주었다. 그날 저녁, 가족이 함께 저녁기도를 마치고 아주 평온하게 잠자리에 들었던 기억이 난다.

나는 성당 대모님과 일을 보기 위해 기다리고 있었다. 그때 어디선가 울림이 되어 들려오던 목소리. "엄마! 너무 보고 싶어 왔어!"

저만치에 수산나가 서 있었다. 나는 그때 무어라 말 한마디 건네지 못한 채, 아이의 머리만 쓰다듬다 잠에서 깼다.

새집에 이사하느라 바빴다고, 뱃속에 네 동생이 자라고 있어서 경황이 없었다고 변명할 수도 없었다. 보고 싶었단 목소리가 환청이 되어 한동안 나를 따라다녔다. 그 만남이 있은 지, 열다섯 해 만의 해후였다. 평안해 보이는 아이의 모습에 이제 한시름 마음을 놓아도 될 듯싶었다.

간밤의 꿈이 성스러운 느낌마저 들었다. 그이한테 꿈

을 팔지 않은 게 잘한 일이라 생각되었다. 그런데 지인에게 꿈 얘기를 했더니, 돌아가신 조상 꿈은 좋은 꿈이라 들었는데 자식 꿈은 글쎄, 말끝을 흐렸다.

그러나 나는 그 꿈을 달리 해석하고 싶지 않았다. 프로이트의 《꿈의 해석》 이론에 의하면 꿈은 소망 충족의 실현이다. 현실에서의 억압된 욕망이 꿈을 통해 무의식으로 표출되는 행위이다. 억압된 욕구와 기대가 분출되는 것이다.

평소 나는 선몽先夢을 자주 꾼다. 꿈에 보았던 것을 뒷날 어디선가 마주치게 된다. 설령 내가 꾼 꿈이 미래 예지가 아니라도 좋다. 꿈이란, 내 안 깊숙이 내재된 그리움의 발현發顯이다. 영영 볼 수 없다 여겼던, 오매불망 그리던 사랑을 꿈에 만났다. 그 꿈을 놓고 다른 의미를 두거나 다른 해석을 하고 싶지 않은 것이다.

그로부터 며칠 되지 않아 아들이 내 곁을 떠났다. 그 뒤로도 선몽은 이어졌고, 몇 번의 생시生時 같은 꿈은 계속되었다. 아들이 떠나고 맞은 내 생일에, 둘이 그러안은 순간은 또 얼마나 감동을 주었던가. '이렇게 우리 자주 만나자.'며 서로 도닥이던 따스한 기운, 꿈같지 않은 꿈이었다.

사랑하는 가족을 잃은 사람들은 평생 작은 바람을 안고 산다. 그이의 말처럼 꿈을 사고팔 수만 있다면, 단 한 번만이라도 그리운 이를 만날 수 있기를 염원할 것이다. 나 역시 하고많은 인연 중에 내 몸을 빌려 맺어진 소중한 인연들을 꿈을 통해 만날 수 있기를 바보처럼 바라고, 바랄 뿐이다.

꿈을 꾸고 싶다. 이승이 너무 멀어 하룻밤으로 다녀갈 수 없다면, 깊고 깊은 잠을 잘 것이다. 잠에서 깨이지 않아 영원히 잠들어 버릴지라도.

꿈을 꾼다는 것은, 간절한 마음의 발로다. 간절히 원하면 그 마음이 닿지 않는 곳이 없다 했거늘, 내 간절한 마음이 저 레테의 강을 건너 내 아이들에게 닿기를 기도하면서 나는 오늘도 꿈을 꾸게 된다. 내 꿈이 꿈으로 이어지기를 바라며.

이별離別의 서書

기다림

도통 전화를 받지 않았다. 수업이 끝난 지, 한 시간 여가 지난 뒤였다. 서둘러 집에 들어섰을 때, 아들이 거실에 누워 있었다.

'엄마, 나 지금 너무 편해. 이대로 잠들게 해줘요.' 아들의 감다만 눈이 체념한 듯, 내게 말을 걸어온다. '누가 나 좀 일으켜줘요.' 애타게 부르던 눈, 외로움에 지친 아들의 눈을 고이 쓸어준다. 눈 감는 순간, 이승으로 영영 돌아올 수 없다는 걸 알았을까. 천근만근 무거워진 눈꺼풀, 간신히 붙들고 있는 이승의 문을 얼른 덮어준다. 나도 그만 정신을 잃었다.

나는 지금 꿈을 꾸고 있다. 허망한 꿈을 꾸고 있다. 아들이 집을 나설 때면, 잘 다녀오겠다는 인사로 두세 번을 꾸벅거린 뒤, 내 대답을 듣고서야 문을 나서곤 했다. 그런 아들이 먼 길을 떠나면서, 한마디 말없이 이렇듯 매몰차게 돌아설 리 만무하다. 분명 나는 지금 꿈을 꾸고 있는 것이다. 정신을 차려보니 장례식장 쪽방이었다.

아들의 영정사진 앞에서 한 소녀가 울고 있다.

누구일까. 아들이 가는 길에 저리 슬피 울어줄 친구가 있었단 말인가. 남겨진 아이와 떠나는 아이, 둘은 서로 무슨 대화를 나누는 걸까?

'어떡해?'

'울지 마.'

'가지 마.'

'나도 그러고 싶었어….' 함께 조문 온 친구들이 소녀가 진정되기를 기다린다. 소녀는 누구일까.

"연호랑 어떻게 아니?"

"학원 친구예요. 재가, 제일 친했어요." 유난히 슬피 울던 소녀를 가리킨다. (아들의 장례를 치르고, 나중에 그 소녀가 아들과 살갑게 문자를 주고받던 친구였다는 것을 알게 되었다.)

아들의 부음訃音이 학교에 전해졌는지, 수업을 마친 학생들이 이틀에 나뉘어 아들의 가는 길을 배웅해주었다. 어떻게들 전해 들었는지, 아들이 장례식장을 나서는 당일 새벽까지 지인들의 조문행렬이 줄을 이었다. 지독하게 외로웠던 아이는 살아 누리지 못한 관심과 사랑을 죽어서 저렇듯 누리고 있다.

조문객을 맞다 맥이 풀리면, 쪽방에 몸을 뉘었다. 그러다 정신이 들면 다시 영정사진 앞을 지켰다. 안치실에 있는 아들에게 죄스러웠다. 지켜주지 못한 자책감이 들었다. 꾸역꾸역 밥을 넘길 수도, 다리 펴고 잠을 잘 수도 없었다. "이 사람아, 정신 좀 차려봐. 산 사람은 살아야지 어쩌자고 이러는 것이여." 큰동서가 목이라도 축이라고 음료를 들고 왔지만, 나는 아들이 돌아올 때까지 이를 악물고 버티기로 했다.

이별, 그리고

전지전능하신 그분이 원망스러웠다. 그분은 우리에게 감당할 만큼의 고통을 주신다고 했다. 그런데 내 인내심의 한계를 시험이라도 하듯 끝없는 고통을 주고 있다. 내 나이 스물아홉에 둘째 아이를 데려갈 때만 하여도, 신앙이 신실한 사람들의 말처럼, 그분의 큰 뜻이 있으리라 생각했었다.

둘째 아이가 세 번째 생일을 앞두고 소아암 판정을 받게 되었다. 너무 허약했다. 완치의 확률이 거의 제로였다. "엄마, 아프다 않을게. 그만 집에 가자." 애줄 없이 아이의 간청을 들어주기로 했다. 입원한 지 달포 만에 치료를 포기하고 퇴원했다. 아이에게 남은 시간 동안, 온 힘을 다하기로 했다. 평안한 귀천歸天을 기원하는 54일 기도가 시작되었다.

기도가 거의 끝나갈 즈음, 떠날 때를 예감했을까. 아이가 세 가지 소원을 부탁해 왔다.

"엄마. 나, 산에 가고 싶어. 유치원에도." 주말이면 제 언니랑 그림 도구 챙겨 들고 나들이하던 기억 때문이었으리라. 집에서 가까운 암사선사유적지를 돌아오는 길에, 큰아이가 다니는 유치원에 잠시 들러 왔다.

밥조차 거부하던 아이가 내가 만들어준 식혜 한 모금으로 목을 축인 것이 마지막 소원이 되었다. 꽃신 신고 뛰어다니던 길을 유모차에 의지하여 마지막 나들이를 다녀왔다. 그로부터 며칠 되지 않아 아이는 총총 우리 곁을 떠나갔다. 퇴원한 지, 두 달이 채 되지 않았다. 아이의 모습은 무척 평온해 보였다.

매일 평일 미사Missa에 참석하고, 마음이 헛헛할 땐 여행을 떠났다. 신앙에 의지해 하루하루를 열심히 이어가는 중이었다. 그러다 우연찮게 새 생명이 들어섰다. 아들이었다.

만남

이미 예상하고 준비한 이별이었지만, 둘째의 빈자리는 생각보다 컸다. 태교에 전념하지 못했다. 사흘 밤낮의 산고 끝에 아들이 태어났다. 우리의 인연은 시작부터 초긴장이었다. 지인들의 축복과 성원에 힘입어 세상을 다시 얻은 기분이었으나, 그 기쁨도 잠시였다.

아들은 모든 것이 늦되었다. 초등학교에 들어갈 즈음부터 심각한 문제가 나타나기 시작했다. 불치병인 근육병 판정을 받았고 정기적인 검사가 병행되었다. 발달장애로 학습장애가 뒤따랐고, 학기 초가 되면 불안증세가 심해져 도벽이 생겼다. 그 때문에 친구들과 관계마저 원만하지 못했다. 몇몇 사람들은 내 아이에게 문제아란 꼬리표를 붙여놓고 있었다. 그런데도 아이는 대견스럽게 버거운 삶을 잘 견디어 중학생이 되었다.

정기적으로 다니는 병원의 주치의는 이런 몸으로 살고 있는 것이 기적이라 했다. 이런 상태라면, 어른이 되기까지 큰 어려움은 없을 것 같다며 한 가닥 희망을 주었다. 지푸라기라도 잡고 싶은 심정으로 점술가를 찾았을 때, 어려운 시기만 잘 견디면 괜찮을 거라며 격려해주었다. 그 말이 위로가 되고 살아갈 힘이 되었다.

꺼질세라, 날아갈세라 먼저 간 제 누이의 몫까지 애지중지 정성을 기울여 뒷바라지한 생명이었다. 그런 아들과의 이별이 내겐 너무 갑작스럽고 당황스러웠다. 전지전능하신 그분께 묻고 싶었다. 왜 하필 어린 영혼들에게 그리 가혹해야 했는지….

인간이 감당하기 어려운 일을 맞닥뜨렸을 때, 나타나는 감정은 몇 단계 변화의 과정을 겪게 된다. 처음에는 그러한 사실을 부정하고, 원망하고, 분노하다 차츰 인정하고 마침내 수용하게 된다. 결국에는 어떤 고통이라도 시간이 해결해준다는 의미가 될 것이다. 나 역시도 아들의 이별을 받아들이도록 아주 긴, 시간이 필요할 것만 같다.

다시 이별

어찌하다 칼벼랑에 가까스로 자리 잡은 들꽃 한 송이, 절박한 환경에도 하는 짓이 순수하고 해맑았다. 제 누이보다 섬세하고 제 아빠보다 다정다감해서 표정을 보고 마음을 나누던 아이. 제 몸도 성치 않으면서 남을 먼저 배려하려 애쓰던 아이. 인정이 많아 상대방보다 먼저 뒤돌아서지 못하던 아이였다.

지난 세월, 아들과 나는 서로에게 연리지連理枝와 같은 존재였다. 내가 아이에게서 한시도 한눈을 팔지 못하듯, 아들도 내게 온전히 의지하는 삶이었다. 외눈박이 물고기 비목어比目魚처럼, 암수의 눈과 날개가 하나씩이라서 짝을 이루어야 날 수 있다는 상상의 새 비익조比翼鳥처럼, 생이 다하는 그날까지 기대어 살기로 서로 언약도 했다. 그런 아이가 저어도저어도 닿지 못할 섬으로 혼자서 길을 나서려 한다. 그 손을 차마 놓아줄 수가 없어 애달프다.

다시 정신이 들었을 때, 흐릿한 시선 너머로 그이가 내게 보따리 하나를 안겨준다. 보자기에 싸인 한 줌의 재, 아들의 몸이다. 그것을 부여안고 두물머리로 향한다. 둘째 아이 잠들어 있는 바로 옆, 흐르는 물에, 바람에, 아들을 실려 보낸다. 비루먹은 곡소리 그곳에서조차 마음껏 쏟아내지 못하고 입안에서 맴돌 뿐이다.

빠삐용papillon

쉽사리 몸을 추스르지 못하는 아들을 깨우기 위해 나는 아침마다 주술사가 되어야 했다. 머리칼을 쓸어내리다 얼굴을 쓰다듬고 팔을 거슬러 맥없이 기다란 손가락 마디마디를 지압하다 보면, 그제야 아들이 씽긋 인사를 건네 오곤 했다. 노상 어루만지던 그 손길, 둘 곳 없어 공허한 나날. 아들은 그곳에서 안녕할까. 꿈결에도 그리운 얼굴. 훌훌 바람이라도 쏘이고 오면 숨통이 트이곤 했다.

아들과 이별 뒤, 종종 '빠삐용papillon' 앞에 서곤 한다. 공세리 성당, 박물관 출구를 나오는 한편에 빠삐용이란 제목의 스크린 거울이 있다. 그곳에 서게 되면서부터 삶의 무게를 조금씩 내려놓을 수 있었다.

스크린 정중앙에 있는 렌즈를 마주하고 서면, 내 몸이 서서히 산산조각 되어 흩어져 내린다. 마치 모래성이 허물어지듯 흘러내리다 한순간 먼지처럼 소멸한다. 그토록 집착하던 몸뚱이, 한낱 부질없다. 인간의 몸을 감싸고 있던 육신이, 마치 영혼을 감싸고 있는 허물 같다. 그것이 스러져 내리면서 내 안에서 나비가 부유浮游를 시작한다.

우리의 감각이 미치지 못하는 사후의 세계가 있다면 저와 같을까. 내 육신을 떠난 영혼이 하늘을 향해 날아오르는 과정을 본다. 어두운 터널을 뚫고 한참을 날아오르면, 먹구름 사이로 거룩하고 신비로운 영spirt이 보인다.

나비는 방금 내 몸에서 분리된 의식의 또 다른 나, 내 영혼이 빛을 향해 날아오른다. 눈이 부셔 제대로 쳐다보기 어려운 빛의 세계, 거대하고 장엄한 그곳이 더없이 평화롭고 자유로워 보인다. 저렇듯 수십 마리 빠삐용이 날갯짓하며 향하는 곳이라면, 저곳은 천국이 분명하다.

죽음은 삶의 끝이 아니라, 영원한 삶이다. 나 하늘로 돌아가는 날, 빠삐용되어 날아오르면 나의 천사들과 저 찬란한 곳에서 하나 되어 비상할 수 있을 거라 암시하는 것 같다. 이젠 온갖 시름 다 내려놓고 네 본연에 충실하다가 훗날, 때 되면 빠삐용papillon되어 훨훨 날아오르라 용기를 준다. 그것이 또 위안이 되고 살아갈 희망이 된다.

아들이 떠난 지 1주기가 되던 날, 두 아이 잠든 그곳에 손바닥만 한 묘비 하나 세워주었다. 거기에 이렇게 몇 글자 새겨두었다.

> 여기 두 천사 잠들다.
> 세상천지 너희보다 맑고 고운 영혼 또 있을까.
> 꽃이 되고 물이 되고 바람이 되어라.
> 자유로운 영혼이 되어라. 나의 천사들이여.

주목 한 그루도 심어두었다. 십삼 년을 함께 살던 우리 집 강아지 해리노 아들이 떠난 이듬해 함께 그곳에 묻혔다. 서로 더불어 외롭지 않을 것이다.

이 글을 나의 천사들에게 바친다.

죽음은 삶의 끝이 아니라, 영원한 삶이다. 나 하늘로 돌아가는 날, 빠삐용되어 날아오르면 나의 천사들과 저 찬란한 곳에서 하나 되어 비상할 수 있을 거라 암시하는 것 같다. 이젠 온갖 시름 다 내려놓고 네 본연에 충실하다가 훗날, 때 되면 빠삐용papillon되어 훨훨 날아오르라 용기를 준다. 그것이 또 위안이 되고 살아갈 희망이 된다.

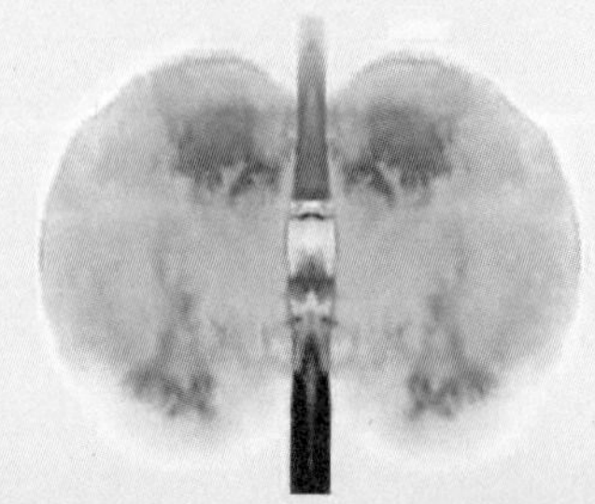

구민정 수필집

나비, 날다

2013년 4월 15일 초판 인쇄
2013년 4월 20일 초판 발행

지은이 구민정 | 펴낸이 김은영 | 펴낸곳 북 나비
출판신고 2007년 11월 19일 제380-2007-00056호
주소 462-836 경기도 성남시 중원구 광명로 269-7, 201(중앙동)
전화 (02)903-7404, 팩스 070-6280-7442
booknavi@hanmail.net
www.booknavi.co.kr

ISBN 978-89-993682-46-5 03810
값 13,000원